SLOW FOOD

LA PASTA
Nudeln

Von Tagliatelle, Gnocchi und anderen Teigwaren

Marzia Morganti Tempestini

Deutsch von Susanne Bunzel

EDITION SPANGENBERG BEI
DROEMER KNAUR

Die italienische Originalausgabe ist bei Nardini Editore in Fiesole (FI) unter dem Titel *La Pasta* erschienen.
Idee und Gesamtleitung der Reihe: Paola Rigotti
Redaktion: Andrea Galeazzi

Umschlaggestaltung: Lorenzo Crinelli
Umschlagillustration: Fra' Angelico, Predella des Triptychons in Perugia (Ausschnitt)
Printed in Italy
ISBN 3-426-26774-8

5 4 3 2 1

EINE LANGE GESCHICHTE

Das legendäre italienische Nationalgericht

Teigwaren sind äußerst vielseitig: Als einfaches Nudelgericht erinnern sie uns an unsere Kindertage und mit einer raffinierten Sauce angerichtet, vermögen sie auch anspruchsvolle Gourmets zu begeistern.

Ein Topf mit siedendem Wasser, eine Handvoll Salz, etwas Sauce – und schon wird aus einfachen Nudeln ein nahrhaftes Gericht.

Als »Fast Food« im wahrsten Sinne des Wortes passen sich Nudeln dem hektischen Rhythmus unseres modernen Alltags an. Gilt es jedoch etwas zu feiern,

kommen sie als aufwendige, zarte und wohlschmeckende Aufläufe auf den Tisch.
Nudeln sind bekömmlich, und wenn sie mit dicken Bohnen, Kichererbsen und Erbsen kombiniert werden, sehr gesund und nahrhaft.
Nudeln spenden Trost, wenn man sich allein an den Tisch setzen muß, und machen Stimmung, wenn man sich in Gesellschaft von Freunden befindet. Nudeln schmecken jedem, und selbst nur mit Knoblauch, etwas Öl und Peperoncino angerichtet, geben sie einen perfekten Imbiß ab.
Nicht zuletzt deshalb sind Nudeln zum italienischen Nationalgericht geworden und darüber hinaus in der ganzen übrigen Welt so beliebt.
Allerdings hat die Pasta erst vor gut hundert Jahren allgemeine Verbreitung erfahren, was angesichts der Jahrtausende, in denen der Mensch Ackerbau betreibt, eine sehr kurze Zeitspanne ist. Mehrere Faktoren haben jedoch die Entwicklung der Nudeln zu einem Grundnahrungsmittel gehemmt: Weizen war lange Zeit schwierig anzubauen und auf ganz bestimmte Klimazonen beschränkt.
Außerdem war der Weg eines Weizenkorns von der Aussaat bis zur Mühle langwierig und kompliziert und konnte erst durch die moderne Agrartechnik vereinfacht und beschleunigt werden.
Heute unterscheidet man im wesentlichen zwei Grundtypen von Pasta: frische

und trockene Nudeln. Sehen wir uns nun die – weitgehend parallel verlaufende – Entwicklung dieser Nudeltypen an.

Teigwaren und ihre Geschichte

Die Nudel kennt keinen Geburtsort und kein Geburtsdatum. In einfacher Form war sie bereits antiken Völkern bekannt und über ganz Italien verbreitet. Ihre Verwendung konzentrierte sich auf Regionen mit günstigen Klimaverhältnissen wie Ligurien im Norden Italiens sowie Süditalien und Sizilien.
Teigwaren sind in verschiedenen Kulturen zu Hause und werden aus Wasser oder Eiern und den verschiedensten Mehlsorten – vom Sojamehl in Asien bis zum Buchweizenmehl in den Alpen – hergestellt.

Die Etrusker kannten den feinen, typisch italienischen Nudelteig bereits im vierten Jahrhundert v. Chr. Heute läßt sich nicht mehr eindeutig feststellen, ob daraus Nudeln oder Fladen bereitet wurden. Auf den Reliefs und den Fresken, die man in der Nekropole Cerveteri gefunden hat, erkennt man jedoch Gerätschaften, die in ähnlicher Form auch heute noch zur Bereitung von frischem Nudelteig verwendet werden.

Der erste Schritt zur Nudel im heutigen Sinne erfolgte, als jemand aus Notwendigkeit oder aus Zufall nicht fermentierten Teig – der gewöhnlich ausgebacken oder auf Tonscheiben geröstet wurde – in Streifen schnitt und damit eine Gemüsesuppe anreicherte.

Man weiß, daß bereits zur Römerzeit die *lagana*, Mehrzahl des lateinischen Begriffs *laganum* (»Teigstriezel, Fladenbrot«) bekannt waren, und auch heute noch entdeckt man dieses Wort in den Dialekten Mittel- und Süditaliens. Man bezeichnet damit Teigstreifen, die in eine Gemüsesuppe geschnitten werden. Zahlreiche schriftliche Dokumente belegen den schwierigen, aber faszinierenden Weg der Nudel von ihren Anfängen bis zur Gegenwart.

Im *Buch der Könige* (etwa 350 v. Chr.) ist von Fladenbroten die Rede, die auf heißen Steinen gebacken werden, und der griechische Gelehrte Athenaios aus Naukratis schreibt im dritten Jahrhundert n. Chr. in seinem *Gastmahl der Ge-*

lehrten über die Lebensgewohnheiten seiner Zeit und die bekanntesten Texte zum Thema. In der *Kunst des Brotbackens* werden schließlich nicht nur verschiedene Herstellungsverfahren für Brot, sondern auch für die »lagana« aus Nudelteig beschrieben, die Platon, Aristophanes und Seneca besonders gut geschmeckt haben sollen.

Der große griechische Dichter Aristophanes beschrieb in seinen Komödien Bankette, bei denen Nudeln und Fladen mit schmackhaften Saucen gegessen wurden. Dabei handelte es sich um schmale Nudelstreifen, die auch bei den Griechen »lagana« hießen.

Aristophanes erwähnt außerdem ein kleines Nudeltäschchen, das mit anderen Speisen gefüllt wurde. Der Vorfahr unserer heutigen Ravioli wurde damals allerdings gebraten und nicht in Wasser gegart.

Es scheint somit, daß die Römer die »lagana« von den Griechen übernommen haben. Der römische Dichter Horaz erzählt in seinen Satiren, mit welchem

Vergnügen er nach Hause zurückkehrt und dann eine Suppe mit Lauch, Kichererbsen und »lagana« verspeist. Daß wir diesen Eintopf ausgerechnet bei Horaz finden, ist kein Zufall. Horaz stammte aus der Magna Graecia im Süden Italiens, von der sich die Ernährungsgewohnheiten der Griechen über die ganze Halbinsel ausbreiteten. Dieses Gericht war und ist auch heute noch in Apulien und der Basilikata Bestandteil eines typischen Abendessens.

Auch in Sizilien kannte man den feinen Nudelteig; bei Athenaios steht geschrieben, daß man in Taranto und Sibari grüne Nudelblätter mit Kopfsalat und gepfeffertem Schweineschmalz bereitete.

Nudelteig war auch im antiken Rom bekannt. In seinem Werk *Vom Landbau* aus dem Jahre 180 v. Chr. schlüpft Cato in die Rolle einer tüchtigen Hausfrau und erklärt, wie man Nudelteig ausrollt und dann auf einem Gittergestell trocknen läßt.

Trimalchio, Titelheld in Petronius' berühmtem *Gastmahl des Trimalchio*, läßt während seines prunkvoll-protzigen Banketts einen Auflauf aus übereinandergeschichteten Nudelblättern servieren, der mit *garum*, einer Sauce aus verschiedenen fermentierten Fischen und Gewürzen, angerichtet wird.

Apicius, berühmtester Feinschmecker der römischen Kaiserzeit und Autor des ältesten Kochbuchs *De re coquinaria*, erwähnt in seinen Rezepten einen *arto-*

laganus (abgeleitet vom griechischen *artos*, »Brot«, und *laganon*, »Fladen aus Mehl, Honig und Öl«); dabei handelte es sich um einen Fladen, der auf einer heißen Tonscheibe gebacken wurde. In der Tat beherrschen gebackene und fri-

FLAVAE MESSI .S.

tierte Fladen die Küche über mehrere Jahrhunderte.

In diesen Dokumenten erkennen wir, wenngleich in einfacher Form, unsere heutigen Lasagne und gefüllten Nudeltäschchen.

Ende des dreizehnten Jahrhunderts taucht in einer Quartine des Dichters Jacopone da Todi erstmals das Wort »lasagna« auf. Seit jener Zeit wurde dieser Begriff in literarischen Texten für

Nudeln oder Pasta im allgemeinen verwendet.
Das italienische Wort »lasagne« hat sich vermutlich nicht direkt aus dem lateinischen *laganum* entwickelt. Wahrscheinlich leitet es sich von dem Begriff *lasanum* ab, mit dem eine dreibeinige Feuerstelle zum Kochen bezeichnet wurde. Fest steht jedoch, daß die heutigen Lasagne und feine Nudeln im allgemeinen von den ausgebackenen oder im Wasser gegarten »lagana« abstammen, die Horaz, Apicius und davor bereits Athenaios in ihren Schriften erwähnten.
In der Übergangszeit zwischen Antike und Mittelalter änderte sich die alltägliche Ernährungsweise der Menschen. Infolge von Schweinezucht und Jagd war Fleisch leichter und in größerem Maße verfügbar als früher. Dadurch wurden Lebensmittel wie Brot, Öl und Hülsenfrüchte, die den Speisezettel der griechisch-römischen Welt bestimmt hatten, zurückgedrängt.
Der Rückgang des Weizenanbaus zwischen 1100 und 1300 brachte die weitere Entwicklung der Pasta zum Stillstand. Mißernten und Hungersnöte machten Weizen zu einem wertvollen Gut, das den wohlhabenden Schichten zum Brotbacken vorbehalten blieb. Das einfache Volk, das ohnehin nur mit Mühe satt wurde, ernährte sich von weniger edlen Getreidesorten wie Spelt, Gerste, Hirse und Roggen.
Feiner Nudelteig aus Weizenmehl er-

scheint erst Ende des dreizehnten Jahrhunderts auf der Tafel der Wohlhabenden. Fra' Salimbene da Parma schildert in seiner *Cronaca*, wie der Mönch Giovanni da Ravenna mit größtem Vergnügen einen Teller Lasagne mit Käse verspeist, und fügt bei dieser Gelegenheit eine ausführliche Beschreibung verschiedener Lasagne- und Raviolitypen an. Nudelteig wird nicht mehr auf heißen Tonscheiben oder in heißem Öl gebacken, sondern dient nun auch als Hülle für andere Speisen und wird in Milch oder Kapaunbrühe gegart.
Der Erfolg der Lasagne währte lange Zeit und ist nicht zuletzt der Kombination mit Käse zu verdanken, der aus den einfachen Nudeln ein wohlschmeckendes und nahrhaftes Gericht machte. Im Mittelalter wurden die Nudeln außerdem noch mit Zucker, Zimt und anderen

Spezereien gewürzt. Ende des vierzehnten Jahrhunderts tauchte schließlich ein neuer Stern am Nudelhimmel auf: Der »torteleto«, Urahn unserer heutigen Tortellini. Das Nudeltäschchen wurde laut einer Aufzeichnung im *Diario del Senato di Bologna* (in etwa: Senatsprotokoll) von 1550 damals nicht anders als heute »in minestra«, d. h. in der Brühe gegessen.

Die zahlreichen geschichtlichen Belege bezeugen den Erfolg der Pasta in ihren verschiedensten Ausformungen. Boccaccio schreibt in der achten Novelle des *Dekameron* vom Schlaraffenland, in dem sich ein ganzer Berg aus geriebenem Parmesan befand, auf dem Leute standen, die nichts anderes taten als Maccheroni und Ravioli zuzubereiten. Der Buchhalter und Erfinder des Wechsels Francesco Marco Datini aus dem toskanischen Prato erzählt in seinen Briefen von Lasagne, Ravioli mit einer Füllung aus Schweinefleisch, Eiern, Käse, Zucker und Petersilie, die in Speck ausgebacken und mit Zucker bestreut wurden. Das *Libro della cocina* (»Kochbuch«) aus dem vierzehnten Jahrhundert beschreibt die Zubereitung von Lasagne: sie werden in Kapaunbrühe gegart und dann »mit geriebenem Käse bestreut und in eine Form geschichtet«.

Auch den Tortellini wird Platz in der Literatur eingeräumt, wie das »Fragment eines Kochbuchs« aus der zweiten Hälfte des vierzehnten Jahrhunderts be-

weist. Im Eintrag »Über die Tortelli« findet sich folgende Beschreibung: »Du kannst die Pasta zu jeder Form, die dir gefällt, verarbeiten ... und du kannst sie füllen, mit was dir beliebt, und sie in der Pfanne mit Speck braten ...« Man nimmt an, daß die Nudeltäschchen damals mit Käse, Eiern, Gewürzen, Schweinelende und Alant, einem heute fast vergessenen Heilkraut, gefüllt wurden.

Vincenzo Tanara schreibt in seiner *L'economia del cittadino in villa* (in etwa: Bürgerliche Haushaltung) von 1644, daß die Tortellini in Butter gegart, mit Käse überzogen und mit Zimt bestäubt werden. Der Bologneser Bartolomeo Stefani nennt in seiner *Arte di ben cucinare* nicht nur die Zutaten für Nudelgerichte, sondern beschreibt auch minutiös die einzelnen Schritte zur Teigbereitung.

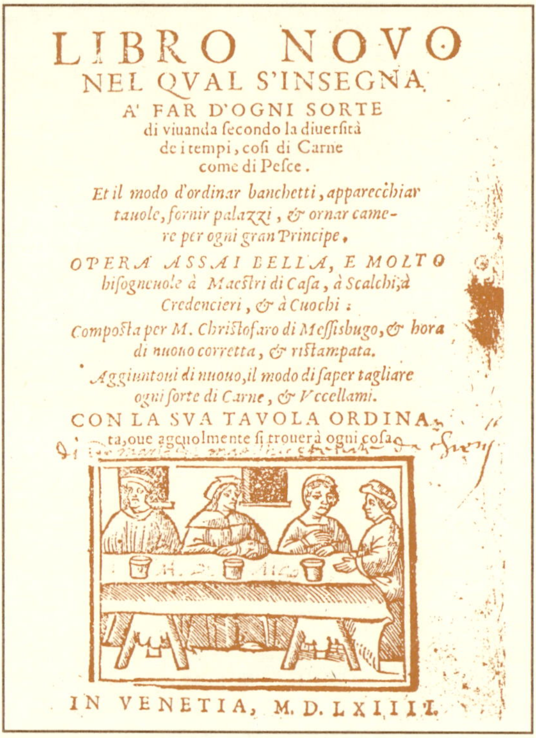
LIBRO NOVO
NEL QVAL S'INSEGNA
A' FAR D'OGNI SORTE
di viuanda ſecondo la diuerſità
de i tempi, coſi di Carne
come di Peſce.

Et il modo d'ordinar banchetti, apparecchiar tauole, fornir palazzi, & ornar camere per ogni gran Principe.

OPERA ASSAI BELLA, E MOLTO biſogneuole à Maeſtri di Caſa, à Scalchi, à Credencieri, & à Cuochi:

Compoſta per M. Chriſtofaro di Meſſisbugo, & hora di nuouo corretta, & riſtampata.

Aggiuntoui di nuouo, il modo di ſaper tagliare ogni ſorte di Carne, & Vccellami.

CON LA SVA TAVOLA ORDINATA, oue agguolmente ſi trouerà ogni coſa.

IN VENETIA, M.D.LXIIII.

Damit ist der Grundstein für die frische Pasta gelegt: Tagliatelle, Lasagne, Ravioli, Tortellini, Tortelli usw. gehören heute zu jedem italienischen Festessen. In der Poebene werden sie sogar heute noch jeden Tag frisch zubereitet.

Wenden wir uns nun jedoch kurz der trockenen Pasta zu, die in der Ernährung des zwanzigsten Jahrhunderts eine bedeutendere Stellung einnimmt. Trockene Pasta wird im Gegensatz zu frischem Nudelteig nur aus Hartweizengrieß und Wasser, also ohne Eier hergestellt.
Ende des neunten Jahrhunderts wurde Sizilien von den Arabern besiedelt, die

die Kultur und die Traditionen der Insel nachhaltig prägten. Sie führten auch trockene Teigwaren ein. Vermutlich dienten sie aufgrund ihrer besseren Haltbarkeit den arabischen Nomadenvölkern als Grundnahrungsmittel; wie diese Nudeln angesichts der Wasserknappheit in der Wüste gekocht wurden, bleibt allerdings noch heute ein Rätsel.

Die trockenen Nudeln breiteten sich schnell über ganz Sizilien aus und wurden dank ihrer Lager- und Transportfähigkeit von der Bevölkerung gut aufgenommen. Von Sizilien aus erreichten sie schließlich Genua, Frankreich und Spanien.

Das erste arabische Kochbuch aus dem neunten Jahrhundert bezeugt, daß die trockenen Nudeln tatsächlich von den Arabern eingeführt wurden. Der Verfasser Ibn'al Mibrad beschreibt, wie *ristà*, ein Gericht aus getrockneten Röhrennudeln, und *al Itrija*, in sich verzwirbelte Bandnudeln, zubereitet werden.

In vielen Dialekten Süditaliens findet sich das arabische »itrija« zu »tria« verkürzt wieder; lange Zeit bezeichnete man mit diesem Begriff jede Form von trockenen Nudeln. In einem neapolitanischen Text aus dem Jahre 1509 stoßen wir dann auf das Wort »vermicelli«, das für längliche Nudelformen verwendet wird. Mastro Barnaba bemerkte in seinem *Compendium* aus dem Jahr 1338, daß die Nudeln, die in Bologna »orati« hießen, in Venedig »minutelli«, in Mantua »pappardelle« und in Reggio Emilia »fermentini« hießen. »Fermentini« verwendete man im fünfzehnten und sechzehnten Jahrhundert in ganz Italien für Bandnudeln, während heute meist das venezianische Wort »minutelli« gebraucht wird.

Das süditalienische »tria« wurde allerdings nicht nur von den »vermicelli« bedroht. Es gab auch noch andere Konkurrenten, die Ende des neunzehnten Jahrhunderts schließlich ihren Siegeszug um die ganze Welt antraten: die Spaghetti. Die »schnurförmige Pasta« (von *spago*, Schnur) existierte bereits 1244. So jedenfalls beschreibt sie ein Arzt aus Bergamo, der seinem Patienten nicht nur Arzneimittel verordnet, sondern auch eine Diät empfiehlt, zu der ebendiese »schnurförmigen« Nudeln gehören. Die Spaghetti im heutigen Sinne sind jedoch relativ neu. Das Wort »spaghetto« taucht erstmals in einem Gedicht aus dem Jahre 1824 auf.

Von Sizilien gelangen die trockenen Nudeln nach Genua. Über die Handelsrouten des Mittelmeers erreicht später eine unbegrannte Weizenart die italienische Halbinsel, mit der der Nudelteig leichter zubereitet, d. h. ausgerollt und ausgezogen werden kann.

In einem Kodex, der 1041 in Cava dei Tirreni bei Neapel verfaßt wurde, findet sich das Wort »mackarone« als Spitzname für einen Mann. Daraus läßt sich schließen, daß der Begriff und seine Bedeutung allgemein bekannt waren. In der Tat wurde z. B. der Selige Eremit Guglielmo um 1100 zu einem »macaronas«-Essen geladen, wobei die »macaronas« in diesem Zusammenhang vermut-

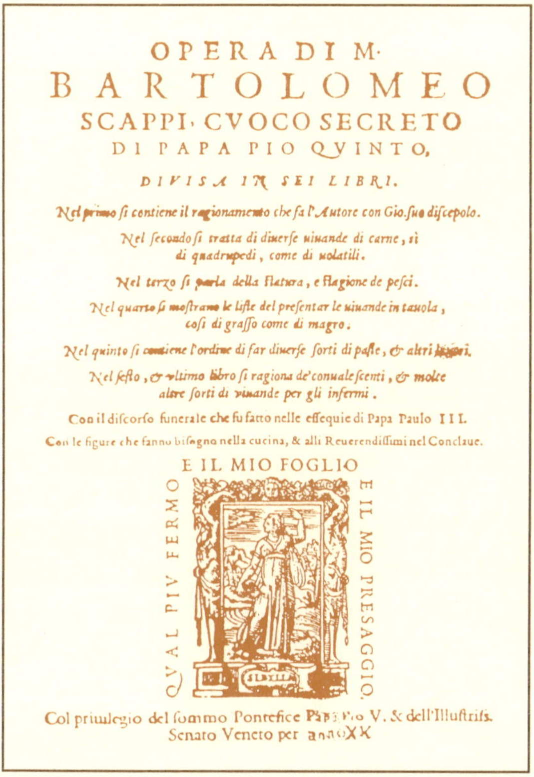
OPERA DI M.
BARTOLOMEO
SCAPPI, CVOCO SECRETO
DI PAPA PIO QVINTO,
DIVISA IN SEI LIBRI.
Nel primo si contiene il ragionamento che fa l'Autore con Gio. suo discepolo.
Nel secondo si tratta di diverse vivande di carne, sì di quadrupedi, come di volatili.
Nel terzo si parla della statura, e stagione de pesci.
Nel quarto si mostrano le liste del presentar le vivande in tavola, così di grasso come di magro.
Nel quinto si contiene l'ordine di far diverse sorti di paste, & altri lavori.
Nel sesto, & ultimo libro si ragiona de' convalescenti, & molte altre sorti di vivande per gli infermi.
Con il discorso funerale che fu fatto nelle essequie di Papa Paulo III.
Con le figure che fanno bisogno nella cucina, & alli Reverendissimi nel Conclave.

Col privilegio del sommo Pontefice Papa Pio V. & dell'Illustriss. Senato Veneto per anni XX

lich als feine Delikatesse zu verstehen sind.

Am 2. Februar 1279 stellte der Notar Ugolino Scarpa ein Erbschaftsinventar zusammen. In seinen Aufzeichnungen ist auch eine »Schale voller Makkaroni« zu finden, die zu erben bestimmt eine Ehre war. Hier sind die Makkaroni sicher als trockene Nudeln zu verstehen. Wenige Jahre später taucht die Bezeich-

nung Makkaroni in einem Lieferschein an Königin Maria, Mutter Karl Martells, erneut auf.
Laut Expertenmeinung geht das Wort »maccheroni« auf dieselbe Wurzel zurück wie das mittelalterliche »maccume« und das italienische »macco«, das »Bohnenbrei« und danach auch »zu Brei oder zu Teig verarbeiten« bedeutet.
Lange Zeit verwendete man den Begriff »maccheroni« für alle möglichen Nudelsorten, und nicht selten wurde er mit »gnocchi« verwechselt oder absichtlich gleichgesetzt. Auch Boccaccios Maccheroni sind in Wirklichkeit Gnocchi oder Klößchen, die vom Käseberg herunterrollen. Ein Holzschnitt in einem Gedichtband mit burlesker »Poesia maccheronica« – abgeleitet von einem Gedicht mit dem Titel *Macaronea* – aus dem sechzehnten und siebzehnten Jahrhundert zeigt ebenfalls, daß sich hinter den sogenannten »maccaroni« runde Klöße verbergen.
Seit dem späten Mittelalter verwendete man das Wort »maccheroni« jedoch auch für eine längliche Röhrennudel (die heute noch so heißt).
Im dreizehnten Jahrhundert entstanden in vielen Städten Italiens Handwerkszünfte, von speziellen Nudelbäckern ist allerdings nicht die Rede, da die Nudeln grundsätzlich hausgemacht waren. Nur in Genua spezialisierten sich einige Bäcker auf die Herstellung von Nudeln. Das Beispiel der »Lasagnari« aus Genua

Giovanni Boccaccio (ca. 1313–1375)

machte schon bald Schule. 1367 erwähnt eine Chronik beispielsweise eine »Lasagnewerkstatt« in Florenz, die von einer Sizilianerin geführt wurde.
Mitte des fünfzehnten Jahrhunderts taucht dann das erste Rezept für trockene Nudeln auf. In seinem *Libro de arte Coquinaria* (in etwa: Buch über die Kochkunst) schildert Maestro Martino da Como, Leibkoch des Patriarchen von Aquileia, wie Vermicelli und Ravioli mit Fleischfüllung gemacht werden. Außerdem zeigt er, wie die Maccaroni siciliani aus Mehl und Eiklar zubereitet und schließlich um einen Draht (der sowohl in Sizilien als auch in arabischen Ländern verwendet wurde) gewickelt werden, da-

mit sie das typische Loch in der Mitte erhalten und leichter trocknen können.
Erst Bartolomeo Sacchi alias Platina schafft mit seinem Buch *De honesta voluptate et valetudine ...* (dt. *Von der ehrbaren Wollust und dem Wohlbefinden ...*) etwas Ordnung in dem kulinarischen Durcheinander von »maccheroni«, »vermicelli« und »gnocchi«. In seinen Rezepten beschreibt er Vermicelli sowie römische, sizilianische und neapolitanische Maccheroni und stellt dabei die Unterschiede zwischen den einzelnen Nudelsorten heraus.
Im sechzehnten Jahrhundert wird die neue Tafelkultur mit Traktaten gefeiert, die die ebenso aufwendige wie innovative Küche des Adels und des gehobenen Bürgertums wiedergeben. Teigwaren spielen hierbei eine immer bedeutendere Rolle.
Der bereits erwähnte Cristoforo di Messisbugo erklärt in seinem *Epulario*, wie man Bankette vorbereitet, und erwähnt ein Gericht, das er zu einem Karnevalsessen servieren ließ: Seine »Maccheroni alla napoletana« bestanden aus Mehl, geriebenem Käse und Ei, wurden ausgebacken und mit Honig und Zucker überzogen als Dessert gereicht. Allenthalben wurden Nudeln als Süßspeisen gegessen, was zum Beispiel auch ein Rezept für Vermicelli, die in Wasser gegart und dann mit Zucker bestreut serviert wurden, dokumentiert. So bezeichnen denn auch das englische *macrow* und das fran-

zösische *macarons* – beides Weiterentwicklungen des italienischen Begriffs »maccheroni« – einen Keks oder eine Makrone aus süßem Teig. Im englischen Argot wird das Wort auch abschätzig für Italiener gebraucht.

Im vierzehnten und fünfzehnten Jahrhundert war die trockene Pasta in Süditalien zwar weitgehend verbreitet, spielte als Nahrungsmittel jedoch eine eher untergeordnete Rolle. Selbst in Neapel galten die Maccheroni bis zum siebzehnten Jahrhundert als Süßspeise, und die Neapolitaner waren damals wegen ihrer vielen Gemüsegerichte als »Blattfresser« verschrien. Erst nach dem Aufstand von Masaniello im Jahre 1647 gelangen die ersten »vermicelli« nach Neapel, und seither gelten die Neapolitaner allseits als »Mangiamaccheroni« oder »Makkaronifresser«.

Die klassische *Pastasciutta* aus Nudeln und Tomatensauce, wie wir sie heute kennen, ist den Hafenarbeitern von Trapani zu verdanken. Sie kochten Maccheroni und Spaghetti in sprudelndem Was-

ser und richteten darauf klein geschnittene Tomaten an.
Ein halbes Jahrhundert später werden in Kampanien bereits Tomaten für die »pummarola«, wie die berühmte Tomatensauce im Dialekt heißt, angebaut. Ende des achtzehnten Jahrhunderts werden Nudeln mit Tomatensauce in ganz Neapel von Straßenhändlern verkauft. Das Zeitalter der Pasta ist geboren.
Weitere hundert Jahre später entstehen in Neapel die ersten Nudelfabriken mit hydraulischen Pressen, mechanischen Rührwerken und Trocknungsanlagen für den Teig. Zusätzliche technische Neuerungen und die Einführung besserer Getreidesorten im zwanzigsten Jahrhundert machten die Nudeln schließlich zum Gericht für jeden Tag.
Frische und trockene Nudeln haben sich nebeneinander und unabhängig voneinander entwickelt und werden erst seit wenigen Jahrzehnten in handwerklichem oder industriellem Maßstab hergestellt. Die Nudeln aus Weichweizengrieß und Eiern (frisch) oder aus Hartweizengrieß (trocken) besitzen unterschiedliche Eigenschaften. Frische Nudeln müssen sofort verarbeitet werden, während trockene Pasta länger gelagert werden kann und nicht zuletzt deshalb überall auf der Welt beliebt ist.

HERSTELLUNG UND ZUBEREITUNG

Die großen Nudelzentren

Im Laufe der Zeit entstanden in Italien verschiedene Zentren der Nudelherstellung. Die bedeutendsten unter ihnen waren Genua, Bologna, Neapel und Palermo, und lange Zeit wurden die einzelnen Nudelsorten nach ihrer Herkunft definiert.

Die wesentlichen Unterschiede lagen in der Herkunft des Getreides, in der Wasserqualität und den klimatischen Gegebenheiten. Diese drei Faktoren beeinflußten die Entwicklung bestimmter Herstellungstechniken, Formate und Saucen. Für Vermicelli, die aus Grieß und kaltem Wasser bereitet wurden, brauchte man andere Werkzeuge als für Maccheroni, die man aus Mehl und warmem Wasser machte. In Sizilien, den Abruzzen und in Ligurien bevorzugte man den kalten Teig, während in Kampanien der Teig mit mehr als 60 Grad Celsius heißem Wasser bereitet wurde.
Die frische und trockene Luft und der rege Hafenbetrieb machten Genua schon bald zum wichtigsten Zentrum der Nudelherstellung. Aus Rußland und später aus Kanada wurde das Korn nach Genua geliefert, wodurch die Stadt praktisch den gesamten Getreidehandel im Mittelmeer kontrollierte.
Da Ligurien kein fruchtbares Hinterland besitzt, waren Nudeln ein praktisches Nahrungsmittel für jeden Tag. So wurden denn auch im Staatsarchiv der Republik Genua die ältesten Dokumente über die Verwendung trockener Nudeln gefunden, die einmal mehr beweisen, daß die Einführung der Nudeln durch Marco Polo ins Reich der Legenden gehört.
In Ligurien stellte man vor allem feine und lange Nudeln her, die *fidelini* genannt wurden. Sie wurden wie Wolle zu Strängen aufgewickelt und auf speziellen

Rahmen, die von Nudelmeistern kontrolliert wurden, getrocknet. 1740 wurde in Genua die erste Nudelfabrik eröffnet; 1794 folgte der Pastificio der Gebrüder Astengo in Savona, der heute als älteste Nudelfabrik Italiens gilt.

Als die wirtschaftliche Macht Genuas zu sinken begann, wurde Neapel zur Nudelhauptstadt Italiens.

Die neapolitanischen Nudelspezialitäten bildeten sich erst später heraus. Doch dank des trockenen und luftigen Klimas konnte sich die Nudelherstellung schnell etablieren und auf dem Markt durchset-

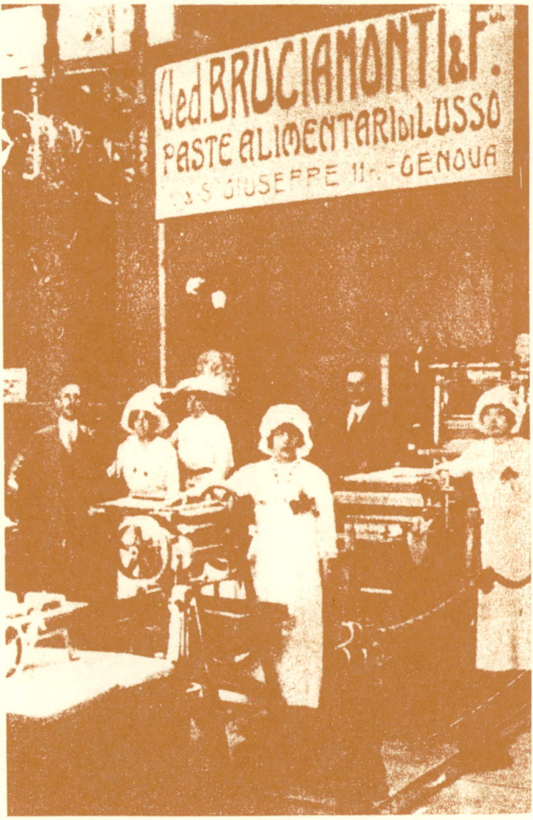

zen. Die zahlreichen Nudelfabriken beschäftigten Mitte des neunzehnten Jahrhunderts Tausende von Arbeitern.
Im Hafen von Neapel liefen Schiffe mit Getreidelieferungen aus Sardinien, Sizilien und Apulien ein. Aus dem Korn bereitete man das Mehl für die langen Nudeln mit einem runden Querschnitt wie Vermicelli oder Maccheroni. Die Nudeln wurden mit warmem Wasser bereitet und waren dicker als ihre Artgenossen aus Genua. Dank des Klimas konnte der Nudelteig an der Luft trocknen, wozu sie vor dem Fabrikgebäu-

de auf Stäbe aufgehängt wurden. Einer neapolitanischen Redensart zufolge »macht man die Maccheroni, wenn der Scirocco bläst, und trocknet sie, wenn der Tramontana weht«.
Menschliche Arbeitskraft war nötig, um den Grieß zu Teig zu verarbeiten. Dabei wurde der Teig mit den Füßen verknetet, und um die schwere körperliche Arbeit etwas amüsanter zu gestalten, ließ man sich dabei oft zu einer Tarantella hinreißen. König Ferdinand II. mißfiel diese folkloristische Art der Teigbereitung jedoch, und so beauftragte er nach dem Besuch einer Nudelfabrik seine Berater mit der Ausarbeitung eines neuen Herstellungsverfahrens.
In Süditalien formte man die Nudeln mit Hilfe eines Zylinders und eines Kolbens, der den Teig in der gewünschten Form aus dem Zylinder herauspreßte.
Im neunzehnten Jahrhundert benutzte man erstmals Schraubenpressen, und 1830 wurde in Neapel die erste Knetmaschine mit Stange eingesetzt, während in Ligurien Knetmaschinen mit einem Räderwerk die Arbeit erleichterten.
Die ersten hydraulischen Pressen kamen um 1870 auf, 1875 folgten die ersten Trocknungsanlagen, während ab 1878 die sogenannte »Marsigliese«, eine in Marseille erfundene Mehlsortiermaschine, eingesetzt wurde.
1933 entwickelten die Brüder Braibanti die »Continua«, eine Maschine, die alle drei Verarbeitungsschritte ausfüh-

ren konnte: Bereitung, Kneten, Ausziehen des Teigs.
Heutzutage erfolgt die Nudelherstellung in großem Maßstab und in modernen Fabriken, und man kann sich nur schwer vorstellen, daß dieses einfache, praktische und wohlschmeckende Nahrungsmittel erst seit wenigen Jahren in ganz Italien und praktisch auf der ganzen Welt zu Hause ist.
In der Emilia und in der Poebene entwickelten sich aufgrund des feuchten Klimas Nudelspezialitäten aus Eierteig: von den Tagliatelle, die wie Vogelnester aufgewickelt werden, bis zu den Lasagne und den legendären Tortellini. Neben gefüllten Nudeln, die man hauptsächlich an Festtagen ißt, sind in dieser Region seit dem sechzehnten Jahrhundert vor allem Tagliatelle und Vermicelli mit zerlassener Butter und Käse populär.
Die nach einer alten Redensart »gelehrte, genießerische und turmreiche« Stadt Bologna hat immer schon hausgemachte Nudeln bevorzugt, weshalb beispielsweise bei offiziellen Anlässen stets »Vermicelli e tagliolini fatti in casa« gereicht wurden. Damit unterstrich man das Privileg, daß man nicht auf Fertignudeln zurückgreifen mußte.
Zur Freude der Bologneser eröffnete Giovanni Dall'Aglio im Jahre 1586 eine Nudelbäckerei, in der er frische Nudeln, vor allem aber »vermicellos, macarones e lassagnas« herstellte und verkaufte. Gerade die Lasagne waren in Bologna

bereits seit langem bekannt und beliebt, wie ein Küchenkodex aus dem vierzehnten Jahrhundert beweist.

1764 erhielten Lorenzo Conti und Antonio Casanelli das Exklusivrecht, in Bologna »die Nudeln herzustellen, die in Genua und Apulien üblich sind«. Dafür verpflichteten sich die Produzenten, nur eine bestimmte Weizensorte zu verwenden und die Pasta zu einem günstigeren Preis als die Importware aus Genua und Apulien zu verkaufen.

Die Rolle der Tortellini bei den Gastereien des Mittelalters und der Renaissance haben wir bereits erwähnt. 1965 entstand dieser Pasta zu Ehren in Bologna die Confraternita del Tortellino (»Tortellini-Bruderschaft«). Ihr amtliches Spezialrezept wurde 1974 bei der Handelskammer von Bologna hinterlegt.

Die Bologneser brachten auch Ordnung in die Welt der Bandnudeln. Die Accademia Italiana della Cucina legte die Breite der Tagliatelle bolognesi offiziell fest: Gekocht und zu Tisch gebracht, mißt die Nudel in der Breite ein 12270stel der Höhe der Torre degli Asinelli, was genau acht Millimetern entspricht. Die Dicke ist nicht genau definiert, Kenner bevorzugen jedoch Nudeln von sechs bis acht Zehntelmillimeter. Für die Länge gilt das Sprichwort: »Conti corti e tajadei lunghe« (»Kurze Rechnungen und lange Tagliatelle«). Um etwaigen Auseinandersetzungen vorzubeugen, überreichte die Accademia der Bologneser Handelskammer eine in Gold gegossene Norm-Nudel ...

Gesetze und Normen

Im fünfzehnten Jahrhundert lag die industrielle Fertigung von Nudeln noch in weiter Ferne, doch die Regierungen erließen bereits Bestimmungen zur Herstellung von Pasta und allem, was damit zusammenhing. Nach einem Edikt des Herzogs von Mailand aus dem Jahre 1412 wurde der Preis für Lasagne und Suppennudeln vom öffentlichen Ausrufer festgelegt. In Ligurien, Florenz und Sizilien, aber auch in Rom, Amalfi, Apulien und Sardinien entstanden Zünfte der Nudelmacher, die sich je nach Sorte beispielsweise »Fidelari«, »Lasagnari« oder »Vermicellari« nannten. Mitte des fünfzehnten Jahrhunderts verkündete ein sizilianisches Gesetz, daß die Vermicelli- und Maccheronihersteller zur See gehen durften, um Nudeln für die Besatzung und für den Export herzustellen.
1501 war der Höchstpreis für Pasta bereits amtlich festgelegt, und einige Jahrzehnte später unterschied man schon zwischen Nudeln aus Hartweizengrieß und Nudeln aus Mehl. Der Genueser Senat schrieb dann die ausschließliche Verwendung von Hartweizengrieß zwin-

gend vor – denn viele Bäcker hatten damals versucht zu schummeln!
Die »Gilde der Lasagnemacher«, die sich im Venedig des siebzehnten Jahrhunderts etabliert hatte, stellte Lasagne, Maccheroni, Ravioli und die sogenannten Mennelli, aber keine feinen Nudeln her. Die Zunft der Nudelmacher in Neapel hatte sich die Santa Maria del Carmelo zur Schutzpatronin auserkoren. Im ligurischen Oneglia beteten die Nudelbäcker dagegen zu Santo Stefano Protomartire, dessen Leichnam in einem Backtrog aufgefunden und anschließend auch darin bestattet wurde.
Auch in Bologna regelte die Stadtregierung zwischen dem sechzehnten und achtzehnten Jahrhundert die Herstellung und den Preis von Nudeln.
Die Pasta galt jedoch noch nicht als allgemein verbreitetes Grundnahrungsmittel. Der Vizekönig von Neapel ließ 1509 verkünden, daß »mit Ausnahme von

Krankenkost keine Taralli, Susamelli, Ceppule, Maccheroni, Trii, Vermicelli oder sonstige Teigwaren hergestellt werden dürfen«.

Heute darf laut Gesetz in Italien für trockene Pasta ausschließlich Hartweizengrieß verwendet werden. Die Normen der Europäischen Union, die auch für Italien gelten, erlauben dagegen auch Mehle aus Weichweizengrieß oder die Mischung von Grieß und Mehl.

Eiernudeln müssen mindestens zweihundert Gramm Eier pro Kilo Grieß enthalten. Darüber hinaus gibt es Diätnudeln und besondere Spezialitäten, denen Gluten oder Farbstoffe zugefügt werden dürfen. Trockene Pasta muß in verschlossenen Behältern, die Angaben zu Gewicht, Hersteller, Nudeltyp und Namen enthalten müssen, verkauft werden. Frische Pasta darf aus Weichweizengrieß hergestellt werden, für frische Eiernudeln müssen auch frische Eier verwendet werden, ansonsten gelten dieselben Regeln wie für trockene Nudeln. In geschlossenen Behältern beträgt der Feuchtigkeitsgehalt bei den frischen Nudeln jedoch bis zu dreißig Prozent, während der von trockener Pasta höchstens bei 12,5 Prozent liegen darf.

In Italien gibt es derzeit 167 Nudelfabriken, die insgesamt 2 534 000 Tonnen Nudeln herstellen; davon sind 983 000 Tonnen für den Export bestimmt (Stand: 1994).

In den letzten Jahrzehnten wurde auch

in der industriellen Fertigung ein hohes Qualitätsniveau erreicht. Die Nudeln zerkochen nicht mehr, sind hygienisch einwandfrei, Aussehen und Haltbarkeit entsprechen allgemein einem hohen Standard. Trotz der großen Mengen, die jährlich hergestellt werden, sind die Nudeln erstaunlich differenziert und eignen sich je nach Format, Weizensorte, Herstellungs- und Trocknungsverfahren für die unterschiedlichsten Saucen.

Nudelformen zwischen Tradition und Phantasie

Für einen Nudelteig verarbeitet man zwei Teile Hartweizengrieß mit einem Teil kaltem oder warmem Wasser. Sobald der Teig eine elastische Konsistenz erreicht, wird er in großen Nudelmaschinen in die gewünschte Form gepreßt.
Die kurzen runden oder langen flachen Nudeln können nun getrocknet werden. Diese Verarbeitungsphase erfordert äußerste Sorgfalt und muß in entsprechend angelegten Trockenkammern erfolgen, damit die Nudeln nicht verderben.
Ist der je nach Format unterschiedliche Trocknungsgrad erreicht, können die Nudeln verpackt und in den Handel gebracht werden. Trockene Nudeln sind sehr lange haltbar.
Auch die handwerkliche Herstellung von frischen und gefüllten Nudeln konn-

te von den technischen Neuerungen der industriellen Fertigung vielfach profitieren.

Im allgemeinen werden trockene Nudeln hauptsächlich im Süden Italiens und

im Ausland gegessen, während man in Norditalien frische Nudeln bevorzugt. Da man diese heute praktisch überall bereits fertig kaufen kann, sind sie nicht mehr wie früher ausschließlich hohen Festtagen vorbehalten, sondern bilden Teil der Alltagskost.

Der *Atlante delle paste alimentari italiane* (in etwa: Italienischer Nudelatlas) von Eugenio Medagliani und Fernanda Gosetti verzeichnet heute über einhundert

verschiedene Nudeltypen (Anfang des zwanzigsten Jahrhunderts sollen es sogar sechshundert gewesen sein).
Die Nudeln werden nach ihrer Zusammensetzung und nach ihrem Format unterschieden. Weichweizen wird in Privathaushalten und kleinen Nudelbäckereien für frische Nudeln verwendet, während Hartweizengrieß für die industrielle Fertigung trockener Nudeln eingesetzt wird. Im Alltag läßt sich diese klare Unterscheidung nicht immer durchsetzen, denn für bestimmte Nudelspezialitäten wie zum Beispiel die Maccheroni alla chitarra aus den Abruzzen oder die Orecchiette und die Strascinati aus Apulien benötigt man beide Mehlsorten. Dann kommen noch die bunten Nudeln hinzu, die mit verschiedenen Kräutern, mit Spinat, Mangold, roter Bete, Sepiatinte, Brennesselblättern,

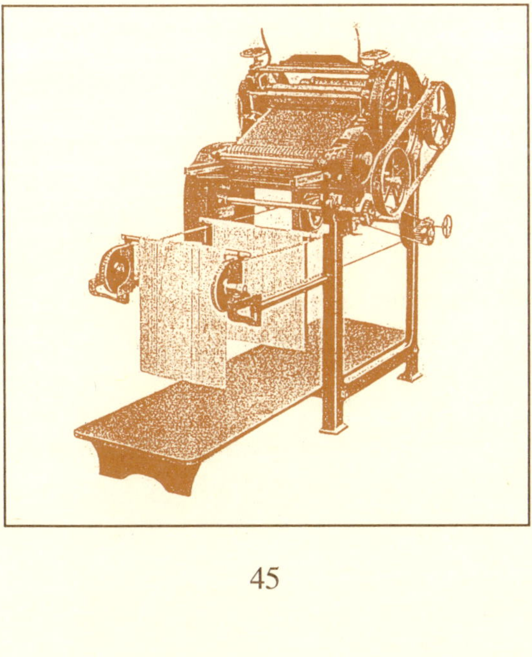

Kürbis, Karotten oder Kakao eingefärbt werden.
Zu den phantasievollen Kreationen kleiner Handwerksbetriebe zählen heute denn auch Nudeln, die mit Peperoncino, Trüffeln, Salbei oder ähnlich aromatischen Zutaten verfeinert werden. Daher erschöpft sich das italienische Nudelrepertoire auch nicht mit Spaghetti, Maccheroni, Penne, Rigatoni oder Trenette, sondern kennt unzählige Formen und Namen, die sich im Lauf vieler Jahrhunderte herausgebildet haben. So nahmen die Nudelbäcker für die Bezeichnung ihrer Produkte Anleihen in der Botanik mit Nudeln wie »Holunderblüten« oder »Quecken«; in der Zoologie mit großen und kleinen »Schmetterlingen«, großen und kleinen »Muscheln«, »Schnecken«, »Würmchen«, »Schwalbennestern«, »Wolfsmäulern« und »Hahnenkämmen«; auch Religion und Klerus sind

vertreten mit »Engelshaar«, »Mönchsärmeln«, »Paternoster«, »Priesterhut« und »Avemaria«. Ein italienischer Modeschöpfer kreierte schließlich seine postmodern gewellten Maccheroni, die die Brandung im Golf von Neapel darstellen sollen und dementsprechend »Marille« heißen. Damit wird einmal mehr die Vielseitigkeit italienischer Pasta bewiesen. Besonders ausgefallene Formen sind jedoch schwierig und teuer in der Herstellung und daher nur auf einen kleinen Verbraucherkreis beschränkt.

Die Form einer Nudel ist allerdings nicht nur die Ausgeburt der Phantasie. Die Form bestimmt ganz wesentlich die geschmacklichen Eigenschaften und damit die Kombinationsmöglichkeiten mit verschiedenen Saucen. Lange und schmale Nudeln passen am besten zu Tomatensauce und Olivenöl. Zu kurzen Nudeln reicht man dagegen in der Regel die klassische Fleischsauce (*ragù*), da sie, vor allem wenn sie gestreift sind, die Sauce besser aufnehmen können. Mit der Form und der Sauce ändern sich natürlich auch Eigenschaften und Verträglichkeit einer bestimmten Nudelsorte. Jedes Format schenkt andere Empfindungen, und ihre Vielfalt zu entdecken und zu erschmecken ist ein Vergnügen für jeden Liebhaber guten Essens.

In seinem einführenden Essay zum »Nudelatlas« schreibt Peter Kubelka, daß man »allein mit dem Mund und ohne

Augen die einzelnen Nudelsorten unterscheiden (kann). Denn nur im Mund entfalten die Nudeln ihre ganz individuellen geschmacklichen Eigenschaften, während sie von außen oft sehr ähnlich oder gleich aussehen.« Auch mit geschlossenen Augen können wir den Unterschied zwischen Spaghetti und Penne, zwischen Schmetterlingsnudeln und Maccheroni erschmecken, denn die Pasta ist, wie Kubelka ausführt, »Architektur für den Gaumen«.

Dementsprechend unterscheidet man heute mehrere Nudelkategorien. Die trockenen Nudeln kennen zahlreiche Einteilungen, die ihrem Format entsprechen: lange, flache, zu Strängen oder Nestern aufgewickelte oder lange und gewellte Pasta; außerdem gibt es die Klassen kurze, glatte oder gestreifte Nudeln mit schrägem bzw. geradem Schnitt; danach kommen die sehr kurzen glatten oder gestreiften Nudeln mit geradem Schnitt; Phantasieformen; Suppeneinlagen. Frische Nudeln bilden ebenso wie die gefüllten Nudeln eine eigene Kategorie und werden nicht weiter unterschieden.

Auf der Beliebtheitsskala der Italiener rangieren kurze Nudeln (z. B. Penne) mit 54 % vor langer Pasta wie z. B. Tagliatelle (40 %). Sonderformen haben einen Marktanteil von nur 6 %.

Der Stern am Nudelhimmel ist jedoch eine ganz bestimmte Sorte: Die Spaghetti kommen in 23 % der italienischen

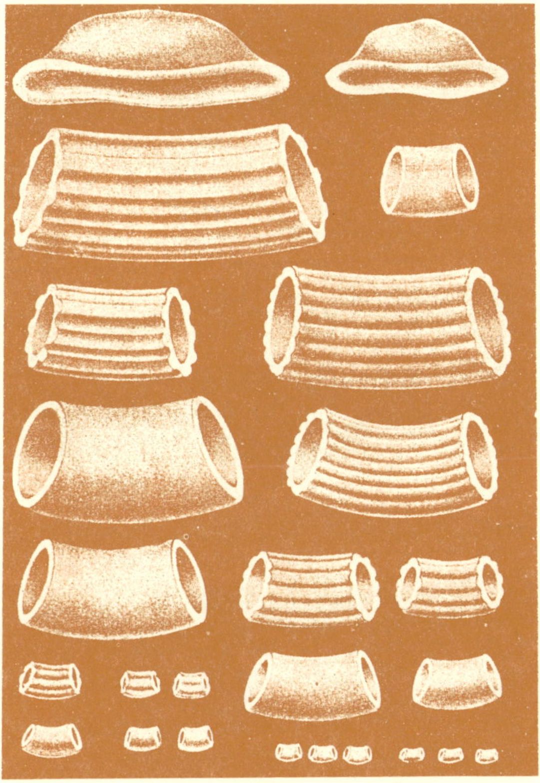

Haushalte am liebsten auf den Tisch. Auf Rang zwei liegen die gestreiften Penne.

Bräuche und Traditionen der Welt

Pasta ist einfach, fügsam, schmackhaft, schnell, vielseitig, phantasievoll, haltbar und nicht zuletzt preiswert. Dank dieser positiven Eigenschaften konnte sie sich leicht in anderen Eßkulturen etablieren. Ihr Trumpf ist nicht zuletzt ihre Vielseitigkeit und ihre Fähigkeit, sich anderen, selbst grundverschiedenen Ernährungsgewohnheiten anzupassen.

Jedes Nahrungsmittel, das aus seinem Ursprungsland in einen fremden Kulturbereich verpflanzt wird, erfährt naturgemäß Veränderungen, die auf die kulinarischen Gewohnheiten des jeweiligen »Gastlandes« zurückgehen.
In der Antike waren Nudeln im Mittelmeerraum bekannt. Angeblich hatten jedoch auch die Mongolen bei ihren Einfällen in Mitteleuropa Röhrennudeln zurückgelassen. Entscheidend für den Siegeszug der Pasta war jedoch das milde Mittelmeerklima, in dem Weizen gedeihen konnte.
In Frankreich und Spanien reicht die industrielle Nudelfertigung relativ weit zurück, und bereits in der ersten Hälfte des zwanzigsten Jahrhunderts exportierten beide Länder einen Teil ihrer Nudelproduktion. In der Schweiz etablierte sich die Nudelindustrie um 1830, genoß aber erst nach 1870 einen nennenswerten Aufschwung. Italienische Gastarbeiter und Auswanderer brachten ihre Pasta schließlich in viele andere Länder Europas, nach Amerika und sogar nach Australien. Weltweit gibt es sechsunddreißig Länder, die Nudeln in industriellem Maßstab herstellen. Ihr Ausstoß beträgt knapp zehn Millionen Tonnen jährlich. An zweiter Stelle hinter Italien rangieren die USA, wo die Nudeln seit dem Ersten Weltkrieg immer mehr an Bedeutung gewannen, mit mehr als zwei Millionen Tonnen Pasta pro Jahr.
Die Gesetzgebung der meisten Erzeu-

gerländer (mit Ausnahme von Italien, Frankreich und Griechenland) schreibt die ausschließliche Verwendung von Hartweizengrieß nicht zwingend vor. Nudeln, die auch aus anderen Mehlsorten hergestellt werden, sind jedoch von minderer Qualität, besitzen einen geringeren Nährwert und zerkochen leichter. Nudeln aus reinem Hartweizengrieß, wie sie in Italien gefertigt werden, sind ein hochwertiges Grundnahrungsmittel. Der Weizen, der dafür verwendet wird, ist nahrhafter, wertvoller, aber auch teurer und unwirtschaftlich, weil die Erträge dieser Weizenart geringer ausfallen.
In der Schweiz bereitet man Nudeln meist aus einem Gemisch von Hartweizengrieß (20–40 %) und Weichweizengrieß (60–80 %), in Deutschland und

Österreich lautet das Mischungsverhältnis in der Regel 10 % zu 90 %, während in Spanien manche Hersteller sogar zu 50 % Kartoffelstärke greifen.
Nicht nur die Herstellungsweise, sondern auch die Art der Zubereitung ist von Land zu Land verschieden. In den USA hat die klassische italienische Pasta viele Anhänger, was nicht zuletzt den Auswanderern zu verdanken ist, die ihre geliebten Spaghetti säckeweise mit in die Neue Welt schleppten. Der als Feinschmecker bekannte amerikanische Präsident Thomas Jefferson soll jedoch bereits Anfang des neunzehnten Jahrhunderts eine Nudelpresse importiert haben, nachdem er auf einer Reise durch Italien erstmals Maccheroni gegessen hatte.
Unklar war man sich lange über die richtige Kochzeit. Während ein Kochbuch aus dem Jahre 1792 drei Stunden empfiehlt, genügten während des Zweiten Weltkriegs bereits dreißig Minuten. Daß man in den USA die Bißfestigkeit der Nudeln prüft, indem man diese an die Wand klatscht, dürfte sich jedoch um ein hartnäckiges Vorurteil handeln und im Bereich der Märchen und Legenden anzusiedeln sein. Fest steht jedoch, daß man die Pasta in den USA äußerst phantasievoll zubereitet und sich nicht allein auf die klassische Tomaten- oder Hackfleischsauce beschränkt. Nudeln werden auch als Beilagen gereicht, was in vielen anderen Ländern ebenfalls üblich ist, ei-

nem Vollblutitaliener allerdings kalte Schauer über den Rücken jagt: *Seine* Pasta soll auf dem Teller nur eine Nebenrolle spielen?!
In Frankreich empfiehlt die Ausgabe des

Küchenlexikons *Larousse Gastronomique* von 1961 eine Kochzeit von 16–20 Minuten und daran anschließend eine Ruhezeit im heißen Kochwasser von einigen Minuten. Außerdem riet man dazu, die Nudeln vor dem Anrichten einige Minuten in der Pfanne zu schwenken, damit sie gut trocknen.
In England wurden Nudeln lange Zeit mit schweren Béchamel- und Sahnesaucen gereicht. Als bevorzugte Nudelsorte galten die Maccheroni. Das Wort *macaroni* drang sogar in den allge-

meinen Sprachgebrauch ein und bezeichnete im Slang des späten achtzehnten Jahrhunderts eine »ausgeflippte« Person, einen Spinner. Als typisches Kindergericht haben sich in der angelsächsischen Welt heute die »macaroni and cheese« etabliert.

Den höchsten Prokopfverbrauch an trockenen Hartweizennudeln registriert natürlich Italien mit 28 kg. Es folgen Venezuela mit 12,7 kg, Argentinien und Tunesien mit jeweils 12 kg, die Schweiz mit 9,1 und die USA mit 9 kg, während China mit nur 800 Gramm das Schlußlicht bildet. Die Stellung Chinas in dieser Statistik beruht jedoch auf der langen Tradition, die die Bereitung von frischen Nudeln aus anderen Mehlsorten in diesem Land hat. In der Tat ist China neben Italien das einzige Land der Welt, in dem Teigwaren eine so zentrale Stellung in der Alltagsküche einnehmen. Die chinesischen Nudeln werden jedoch aus Sojamehl, Weichweizengrieß oder Mehl aus anderen Getreidesorten hergestellt. Chinesische Bandnudeln soll es bereits seit dem ersten Jahrhundert n. Chr. geben. Zur Zeit der Sung-Dynastie (zehntes bis dreizehntes Jahrhundert) waren jedenfalls die kleinen Straßenstände, die diese Art von Nudeln verkauften, überall im Land verbreitet. Heute ißt man in China hauptsächlich die traditionellen Bandnudeln, Fadennudeln (die den europäischen Spaghetti ähneln) und die gefüllten Nudeltäschchen Wan-tan. Aus der

Tatsache, daß Nudeln im europäischen Sinne im China des dreizehnten Jahrhunderts bekannt waren, resultiert vermutlich auch die Legende, daß Marco Polo die Nudeln von seinen Reisen mitgebracht und in Europa eingeführt haben soll. In seinen Aufzeichnungen sind jedoch keine Hinweise darauf zu finden.
Die Pasta steht aber erst am Anfang einer langen Reise um die Welt. Auf schnelleren Transportwegen und mit besseren Kommunikationsmitteln wird sie in ihrer echten und authentischen Form schon bald in aller Munde sein.

Traditionelle Herstellungsverfahren und Gerätschaften

Die Vervollkommnung und Verbreitung der trockenen Pasta ist dem technischen Fortschritt zu verdanken: Knetmaschinen, Pressen, Trocknungsanlagen wurden im letzten Jahrhundert entwickelt und entscheidend verbessert. Die Zubereitung von frischen Nudeln zu Hause oder in einem Handwerksbetrieb hat sich dagegen im Grunde nie verändert. Die Gerätschaften, mit denen man den Teig ausrollt und zurechtschneidet, sind heute dieselben wie vor mehreren tausend Jahren.

Die Entwicklung des Nudelholzes, mit dem man den Teig zu einer gleichmäßigen Stärke ausrollen kann, war der erste Schritt zu unseren heutigen Spaghetti. Auf einem kleinen ägyptischen Holztäfelchen aus dem zwanzigsten oder neunzehnten Jahrhundert v. Chr. sieht man eine Frau, die über einen Tisch gebeugt steht und Mehl mit einem runden und glatten Holzstab zu Teig verarbeitet. Im Donautal und in der Ukraine entdeckten Archäologen Hinweise auf Teigbereitung. Sie fanden unter anderem einen verkohlten Holzstab sowie eine Art Nudelbrett und einen Krug, der noch Mehl enthielt. In der etruskischen Totenstadt Cerveteri aus dem vierten Jahrhundert v. Chr. fand man dann gewissermaßen den direkten Vorfahr unseres heutigen Nudelholzes. Die Totenkammer der sogenannten »Grotta Bella«, auch als »Tomba dei rilievi« bezeichnet, wird von zwei Pfeilern gestützt, auf denen deutlich die Gerätschaften zur Teigbereitung zu erkennen sind: ein Holzbrett mit erhöhtem Rand, ein Nudelholz, ein Säckchen für das Mehl, Messer, ein Wasserkrug und ein Teigrädchen mit gewelltem Rand oder einem Sporn – Küchenuten-

silien, wie man sie auch heute noch kennt und verwendet.
Bis zur Erfindung von elektrischen Nudelmaschinen war vor allem ein Instrument zur Herstellung von ganz feinen Fadennudeln wie Vermicelli oder Fidelini von Bedeutung: Man breitete den Nudelteig auf einem Holzrahmen aus und preßte ihn mit dem Nudelholz zu feinen Fädchen, die man dann an der Luft trocknen ließ. Dieses Gerät nannte man *try*, was sich vermutlich aus dem ursprünglich arabischen *tria* ableitet und »Nudelteig« bedeutet.
In einem Haushaltsinventar, das 1363 in der Nähe von Genua niedergeschrieben wurde, entdeckte man erstmals den Begriff *caza lasagnaria*, womit »ein Gefäß mit Löchern zum Abgießen der Nudeln«, also eine Schaumkelle oder ein Nudelsieb bezeichnet wurde. Daraus resultiert, daß die Nudeln nun nicht mehr in Fett gebacken oder gebraten, sondern in Wasser gegart werden.
Erst im sechzehnten Jahrhundert läßt Bartolomeo Scappi, Geheimkoch von

Papst Pius V., in seiner *Opera* die Gerätschaften zur Bereitung von Nudelteig abbilden. Um den Nudeln eine bestimmte Form zu geben, hat man sich im Lauf der Jahrhunderte der verschiedensten Hilfsmittel bedient: In Kalabrien wickelte man die Maccheroni um entlaubte Weidenzweige, in der Emilia Romagna schnitt und schneidet man den Teig mit einem Spezialmesser (das einst sogar in der Aussteuer einer Braut enthalten sein mußte) zurecht, in Ligurien preßte man die Nudeln mit einem Holzstempel in Form. Zu den ausgefallensten und deshalb wohl bekanntesten Werkzeugen, die heute noch in Gebrauch sind, gehört die »Chitarra« aus den Abruzzen. Dabei handelt es sich um einen Holzrahmen, der dicht mit metallenen Saiten bespannt ist. Man preßt den Teig durch dieses Metallgitter und erhält Fadennudeln mit einem quadratischen Querschnitt – die berühmten »Maccheroni alla chitarra«. Maccheroni werden in unterschiedlichen Größen und Stärken hergestellt, und für jeden einzelnen Typus gibt es das passende Werkzeug: Metallkämme, Maccheroni-Eisen oder aber Nudelhölzer mit vielen Rädchen, die den Teig in Streifen von unterschiedlicher Breite schneiden. In Sardinien preßt man – ähnlich wie beim Spätzlesieb – kleine Teigportionen durch die Ritzen einfacher Körbe. Am fortschrittlichsten gestaltet sich der »Bigolaro«, eine Presse, mit der in der Gegend von Vicenza Bigoli (eine Art grobe

Spaghetti) hergestellt werden und die als Prototyp der heutigen Nudelpressen gilt. Erst vor wenigen Jahrzehnten wurde in Italien ein spezielles Küchenmöbel zur Nudelbereitung entwickelt. Die »Madia« besitzt einen abnehmbaren Deckel, auf dem der Nudel- oder Brotteig verarbeitet werden kann. Viele Haushalte

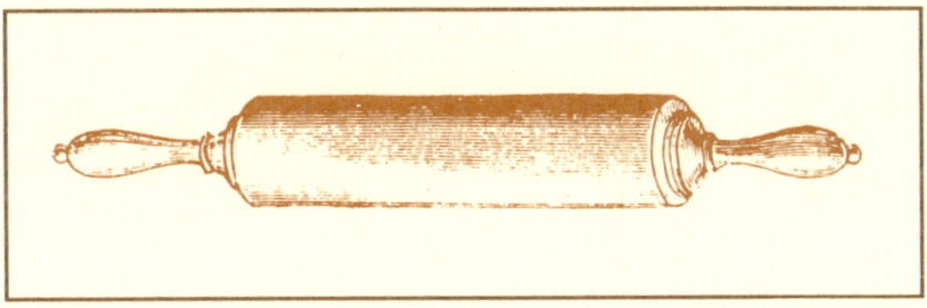

verwenden heute Ausstechförmchen für Ravioli und Tortellini und ziehen den Teig nicht mit einem Nudelholz aus, was sehr viel Kraft erfordert, sondern treiben den Teig durch die Walzen einer Nudelmaschine.

Wer heute Nudelteig mit der Hand herstellt, verwendet also praktisch dieselben Gerätschaften wie die Menschen vor mehreren Jahrtausenden. Die Teigbereitung für trockene Nudeln hat sich im Lauf der Zeit dagegen langsam, aber grundlegend geändert.

Bis zum neunzehnten Jahrhundert konnte man trockene Nudeln nur mit einfachem und grobschlächtigem Werkzeug herstellen. Demnach finden sich in der Literatur nur wenige Hinweise auf Gerätschaften und Maschinen. In einer Novelle von 1630 wird allerdings eine Formpresse zitiert, und in einem kleinen Gedicht über Maccheroni aus derselben

Zeit spricht man über eine Knetmaschine und eine Presse.
Anfang des achtzehnten Jahrhunderts bekundet ein Autor sein Erstaunen über eine »so schöne und gut gemachte« Knetmaschine aus Mantua und lobt diese Erfindung, die zudem so leicht bedient werden kann, in den höchsten Tönen. Das Gerät geht vermutlich auf das Jahr 1632 zurück und konnte gerade einmal den Bedarf einer Großfamilie decken.
Erst die Industrialisierung mit Dampfmaschinen und Elektromotoren brachte die entscheidende Wende: Mit der Mechanisierung des Herstellungsprozesses konnten die produzierten Mengen erheblich gesteigert werden. Die erste vollautomatische Nudelmaschine stammt aus dem Jahr 1933. Die sogenannte »Continua« vereinte alle drei Verarbeitungsschritte: Teigbereitung, Kneten und Pressen. Jetzt haben wir zwar unsere moderne Pasta, doch ganz gleich, ob sie nun trocken oder frisch, hand- oder maschinengefertigt ist – wir müssen sie erst noch kochen, bevor sie in unserem Teller landet.

Das Geheimnis des Kochens

Nudeln kochen ist eine Gewohnheitssache und hängt von den kulinarischen Traditionen eines Landes ab. Gute Grundstoffe sind jedoch überall die wichtigste Voraussetzung für das Gelin-

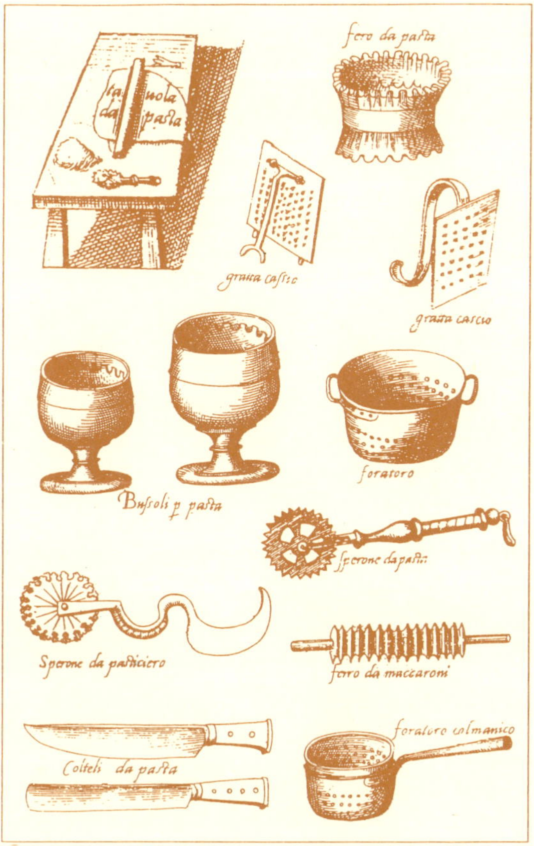

gen eines Gerichts. Trockene Nudeln müssen glänzen, glatt und gleichmäßig wirken, dürfen keine Schatten oder Risse aufweisen. Wenn man sie mit der Hand bricht, müssen sie trocken klingen und eine saubere Bruchstelle hinterlassen. Ihre Farbe ist ein klares Gelb mit einem Bernsteinton. Sind die Nudeln dunkler, dann enthalten sie vermutlich Weichweizengrieß oder wurden zu heiß getrocknet. Die beste Pasta behält auch nach dem Kochen eine gewisse Kernigkeit; ihre Stärke verkocht nicht, das Kochwasser bleibt klar.

Der Mehlkörper ist für die menschliche Ernährung der wichtigste Teil des Weizenkorns; seiner Qualität verdanken wir den Geschmack unserer Nudeln.
Die trockenen Nudeln aus Hartweizengrieß enthalten mehr Eiweiß als die Weichweizennudeln, nehmen mehr Wasser auf und steigern dadurch die Qualität des Produkts. Eine gute Nudelsorte muß beim Kochen ihr Ausgangsvolumen verdreifachen und darf das Kochwasser nicht eintrüben. Andernfalls lösen sich minderwertige Bestandteile, die den Nährwert verringern und das Wasser trüb aussehen lassen.
Wir haben uns nun für ein bestimmtes Nudelformat entschieden, das gut zu unserer Sauce paßt (vorzugsweise ein Format, das einen gleichmäßigen Kochvorgang ermöglicht), und beginnen mit der Zubereitung.
Jeder Hersteller gibt auf der Packung die empfohlene Garzeit für seine Nudeln an. Am besten probiert man jedoch selbst von Zeit zu Zeit, ob die Nudeln gar sind. Die Kochzeit hängt nicht zuletzt von der Qualität sowie vom Kalk- und Mineralstoffgehalt des Kochwassers ab; wesentliche Faktoren sind außerdem Höhenlage und Luftdruck. In großen Höhen und bei niedrigem Luftdruck kocht das Wasser bereits bei niedrigeren Temperaturen und verändert damit Kochzeit und Kochverhalten der Nudeln.
Ein guter Kochtopf, dessen Form kein Zufallsprodukt ist, sondern sich im Lauf

der Jahrhunderte entwickelt und den verschiedenen Kochstellen angepaßt hat, besitzt einen flachen Boden, der auf der Kochplatte aufliegt. Nach dem Gesetz des französischen Mathematikers Fermat ist ein guter Topf außerdem ge-

nauso breit wie hoch, weil diese Proportionen das größte Volumen bei kleinster Oberfläche bieten.

Der Topf wird zu drei Vierteln mit Wasser gefüllt, als Faustregel gilt dabei ein Liter Wasser pro hundert Gramm Nudeln. Für Nudeln, die in der Brühe gegessen werden, genügt ein Dreiviertelliter Flüssigkeit pro hundert Gramm. Dasselbe gilt auch für Nudeleintöpfe mit Gemüse oder Hülsenfrüchten. Wenn man doch einmal etwas Flüssigkeit nachgießen muß, dann sollte diese kochend heiß sein, sonst wird der Kochvorgang unterbrochen und die Pasta klebrig.

Im Fachhandel gibt es heute auch einen speziellen Spaghettitopf mit Locheinsatz zu kaufen. Damit erübrigt sich das Abgießen, und die Kochtemperatur bleibt unter 100 Grad Celsius, wodurch die Nudeln geschont werden und wichtige Nährstoffe wie Gluten und Stärke erhalten bleiben.

Das Salz – vorzugsweise grobkörniges Meersalz – wird erst in das sprudelnde Wasser gegeben, weil Salz den Siedepunkt von Wasser heraufsetzt. Außerdem bildet Salz, das mit dem Wasser aufkocht, einen unappetitlichen weißlichen Film auf der Wasseroberfläche. Die Salzmenge hängt sehr stark vom persönlichen Geschmack ab, generell veranschlagt man aber zehn Gramm pro Liter Wasser. Nun wartet man einige Sekunden, bis sich das Salz aufgelöst hat, dann kann man die Nudeln ins Wasser geben.

Das Wasser sprudelt, das Salz hat sich aufgelöst, jetzt »wirft« man die Nudeln hinein. Da die Nudeln natürlich kälter sind als das Wasser, sinkt die Temperatur im Topf oft unter den Siedepunkt ab. Halten Sie also immer eine »Temperaturreserve« auf Ihrer Kochplatte bereit, damit Sie im Bedarfsfall schnell noch weiter heraufschalten können.

Kurze Nudeln streut man nach und nach ein, damit sie nicht am Topfboden zusammenklumpen. Zu Strängen oder Nestern aufgewickelte Pasta entwirrt man sofort mit einem Kochlöffel oder einer großen Holzgabel, damit sie nicht ver-

klebt. Lange Nudeln wie Spaghetti oder Trenette werden fächerartig in den Topf gebreitet und mit einer Holzgabel umgerührt. Lange Nudeln werden außerdem niemals vor dem Kochen gekürzt oder auseinandergebrochen. Man läßt sie statt dessen langsam weich werden und versenkt sie nach und nach im Kochtopf. Während des Kochens rührt man die Nudeln ab und zu um, damit sie nicht zusammenkleben. Die Nudeln werden abgegossen, wenn sie weich sind, aber noch einen leicht harten Kern besitzen; denn sie sind so heiß, daß sie auch dann noch etwas weiterkochen, wenn man sie vom Herd nimmt. Der Kochvorgang wird nicht durch das Angießen von kaltem Wasser beendet, wie in manchen Rezep-

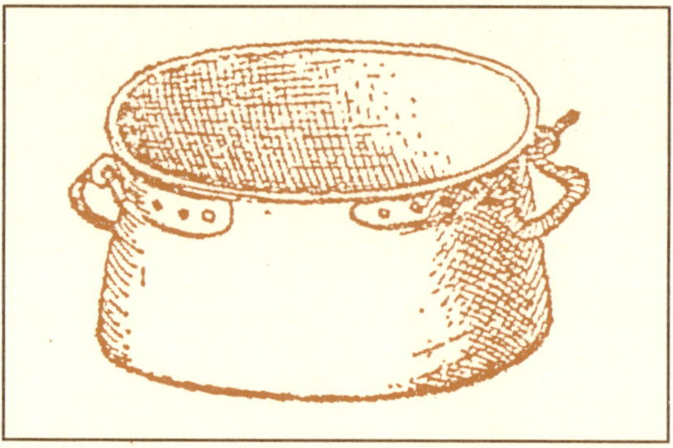

ten zu lesen steht. Die Nudeln werden vielmehr zügig abgegossen und im Nudelsieb ordentlich durchgemischt, damit das Wasser gut abfließen kann. Dabei kann man allerdings leicht des Guten zuviel tun: vor allem Fadennudeln müssen etwas feucht und geschmeidig bleiben, weil sie leicht verkleben. Am besten stellt man deshalb vor dem Abgießen eine Kelle voll Kochwasser beiseite.
Gegessen werden die Nudeln bißfest oder *al dente*, weil sie so am besten schmecken und auch am bekömmlichsten sind. Wir füllen die Nudeln in eine große Schüssel oder in einen Topf und vermengen sie sorgfältig mit unserer Sauce. Sind die Nudeln zu trocken geraten, kann man sie jetzt mit dem restlichen Kochwasser geschmeidig rühren.
Nun wird die Pasta auf einer gut vorgewärmten Servierplatte oder in einer Servierschüssel aufgetragen und verteilt.

Nudeln richtig servieren

Gute Nudeln sind kapriziös und anspruchsvoll und verlangen nach einem passenden Serviergefäß. Terrinen oder Platten eignen sich am besten.
Anfang des achtzehnten Jahrhunderts tauchen auf den Tafeln des Adels die ersten Terrinen auf, in denen Suppen und Eintöpfe serviert werden. (Zuvor wurden diese Speisen auf Portionstellern aufgetragen.) Mit ihrer runden und bauchigen Form und ihrem gewölbten Deckel, der die schmackhaften Suppen warm hält, konnten sich die Terrinen schnell etablieren und erlangten teilweise sogar Berühmtheit. Zu den bekanntesten gehören die Terrinen aus dem »Gänseservice«, das für den Bourbonenhof aus buntem Porzellan entworfen wurde. Sie waren mit Landschaften oder Baudenkmälern verziert und wurden in ihrer ansichtskartengleichen Vielfalt bei höfischen Banketten zur Schau getragen. Heute gibt es Terrinen und Servierplatten in allen Formen und aus den verschiedensten Materialien. Grundsätzlich sollte man sie mit heißem Wasser gut vorwärmen, damit die Nudeln nicht zu schnell auskühlen. Ton, Gußeisen und Pyrex halten die Wärme länger als Keramik und können direkt vom Herd auf den Tisch gebracht werden.
Zum vollendeten Pastagenuß gehört nun auch das richtige Eßwerkzeug: die Gabel. Zur Römerzeit gab es bereits eine

lange und gebogene Gabel mit drei Zinken, die zum Nudelessen aber ungeeignet ist. Ferdinand II. von Neapel liebte Spaghetti, durfte sie aufgrund des Hofze-

remoniells jedoch nicht mit den Fingern essen. So ließ er sich ein entsprechendes Eßinstrument konstruieren: die vierzinkige Gabel. (Zwar ist bereits im sechzehnten Jahrhundert eine sehr wertvolle vierzinkige Gabel entwickelt worden; sie war aber kaum verbreitet und weitgehend unbekannt.)

PASTA ITALIANA – GESCHICHTE EINES RITUALS

Teigwaren für jede Gelegenheit

Seit der Antike besitzen Speisen auch einen symbolischen Wert: die Kette reicht von den Lämmern, die einem Gott geopfert werden, bis zum Christstollen oder der Bohne im Dreikönigskuchen. Früher wollte man sich durch Speisenopfer das Wohlwollen der Götter sichern, heute sind Mahlzeiten ein Ausdruck der Geselligkeit: vom Diner à deux über das Familienessen bis zur Spaghettiparty im Freundeskreis.

Aufgrund des Wohlstands und des Überflusses in unseren Breiten haben die Speisen ihre rituelle Bedeutung weitgehend verloren. Bestimmte Bräuche, die der jeweiligen Speise, dem natürlichen Rhythmus der Jahreszeiten und religiösen Feste angepaßt waren, sind großenteils in Vergessenheit geraten.

Ein leuchtendes Beispiel dafür ist das italienische Festmahl am ersten Weihnachtstag. Dazu gehören landauf, landab die Tortellini: üppig, duftend, prall ge-

füllt, wurden sie von einem Gastwirt aus der Emilia erfunden. Das Gerücht, daß die köstlichen Nudeln dem Bauchnabel der Göttin Venus nachgebildet sein sollen, geht auf einen Ingenieur des späten neunzehnten Jahrhunderts zurück; er wollte zwischen Bologna und Modena, die sich um die Urheberschaft der Tortellini stritten, Frieden stiften.

Auch um die Entstehung der Tagliatelle ranken sich mehrere Legenden. So erzählt man sich beispielsweise, daß sie von einem Mastro Zafirano (den es nie gegeben hat) erfunden wurden, der sich von den blonden Haaren Lucrezia Borgias hatte inspirieren lassen.

Fest steht jedoch, daß bei allen hohen religiösen Festtagen und wichtigen Festessen in Norditalien gefüllte Nudeln gegessen werden: in der Gegend um Brescia Casoncelli, in Piemont Agnolotti, in der Emilia Tortellini, in der Romagna Cappelletti, in Parma Anolini mit Bratenfüllung, in Piacenza Anolini mit einer Füllung aus Rindfleisch, Semmelbröseln, Butter, Parmesan und Gewürzen. In Südtirol ißt man Schlutzkrapfen oder helle Klößchen in Rinderbrühe. Die schlichte Küche Liguriens serviert an Weihnachten dagegen lange Penne, Kutteln und dicke Würste in Kapaunbrühe. Auf den Festtafeln Umbriens dürfen die Spaghetti alla norcina mit schwarzen Trüffeln nicht fehlen; an Weihnachten reicht man vorzugsweise süße Gnocchi oder Rigatoni. In Latium erfreut man sich an Weihnachten an der traditionellen Nociata, d. h. Penne in einer üppigen Sauce aus Walnüssen, Zucker, Zitronenschale und Zimt, die warm oder kalt gereicht wird.

Am Heiligen Abend, der im katholischen Kalender als Fasttag gilt, ißt man statt dessen Nudeltäschchen mit einer fleischlosen Fülle: beispielsweise mit Ricotta, Petersilie und Parmesan oder mit Ricotta, Käse und frischer Minze. In der Poebene füllt man die Täschchen mit Kürbis und pikant eingemachtem Obst, in Parma mit Maronen, während in Ligurien die Teigtäschchen mit Fisch, Venusmuscheln und Miesmuscheln gefüllt und in einer Thunfischsauce oder in einer herzhaften Brühe gegessen werden.

In manchen Gegenden besteht das

Weihnachtsessen traditionsgemäß aus Teigflecken, die mit Pilzen oder Ricotta und Walnüssen angerichtet werden. Im Süden ergötzt man sich an Spaghetti mit Sardellen oder anderen Fischen, während in Latium an Fasttagen Pasta mit Kichererbsen auf den Tisch kommt.

Wenn die italienischen Städte ihre Schutzheiligen feiern, werden ebenfalls Nudelspezialitäten aufgetischt. In Vicenza werden zu Ehren der Madonna im Rosenkranz die berühmten »bigoli con l'arna« verspeist: grobe Spaghetti werden in Entenbrühe gekocht und mit einer Sauce aus dem Entenklein serviert (die Ente selbst wird zum Hauptgang gegessen). Im süditalienischen Lukanien wird der Josefstag auf ganz besondere Weise begangen: man spendet den Armen eine Schale »Lagane e fagioli« (dicker Bohneneintopf mit Nudeln). In Kalabrien ißt man die Lagane in Milch gekocht, an Christi Himmelfahrt.

Kirchliche und weltliche Feste sind gleichermaßen ein guter Grund, sich einen Teller Nudeln schmecken zu lassen. So verabreicht man zum Beispiel in den Abruzzen Wöchnerinnen frische Bandnudeln mit Speck und gebratenen Schweinebacken, weil dieses Gericht angeblich den Milchfluß fördert.

Während des Karnevals sind Prasserei und Völlerei an der Tagesordnung. Fritierte Teigstriezel und die besonders üppigen »Lasagne di Carnevale« gehören deshalb einfach dazu. In Verona hat man

den Karneval statt dessen dem Teigkloß gewidmet. Die Tradition dieser »Festa dello gnocco« geht bereits auf das fünfzehnte Jahrhundert zurück, als die Stadt eine Hungersnot erfolgreich überstanden hatte. Höhepunkt des Fests ist der »Kloßfreitag«, d. h. der Freitag vor Karnevalsende. Dazu wird sogar ein »Kloßkönig« gewählt und ein »Macaroni-Hofstaat« zusammengestellt. Ein riesiges Kloßessen für alle Beteiligten, das in seinen Ausmaßen an Boccaccios Schlaraffenland erinnert, beendet das Fest. Auch in anderen Landesteilen kompensiert man die einmal erlittenen

Hungersnöte mit großen Festessen. Im süditalienischen Val Bisenzio verteilt man beispielsweise am letzten Karnevalstag Nudeln mit Thunfischsauce.
Daß auch bei Hochzeiten die Pasta nicht fehlen darf, versteht sich fast von selbst. In Brescia ißt man die Casoncelli (gefüllte Nudeltäschchen), während es in Sardinien sogar eigene Hochzeitsnudeln gibt: »Lasagnas de isposu« – »Lasagne für die Brautleute«.
Damit auch wirklich niemand leer ausgeht, gibt es sogar »Ziti« (kurze Röhrennudeln), die den Unverheirateten gewidmet sind. In Süditalien ißt man diese Nudeln heute gern bei Verlobungsfeiern oder wenn sich die Brautleute aus dem Junggesellenstand verabschieden.
Der bäuerliche Kalender kennt selbstverständlich auch seine typischen Nudelspezialitäten. In bestimmten Gegenden der Toskana serviert man zur Zeit der Kornernte eine Nudelsuppe mit »Engelshaar«, weil die feinen Nudeln gut durch die staubigen Kehlen der Bauern gleiten. Zur Feier der Ernte verspeist man üppige Pappardelle (sehr breite Bandnudeln) mit dem Ragout von Enten, die eigens für diese Gelegenheit gemästet wurden. In Piemont feiert man dagegen den neuen Wein mit einer »Aia«, einem dicken Nudeleintopf mit Walnüssen und Knoblauch. Das Schlachten der Schweine war bis vor kurzem ein Ritual, das aus hygienischen und lebensmitteltechnischen Gründen nur

im Winter erfolgen konnte. Ein paar Tage lang wurde alles verkocht und verarbeitet, was nicht konserviert werden konnte, und zu dieser Gelegenheit bereitete man auch Lasagne mit einer besonders reichhaltigen Fleischfüllung zu. Aufgrund ihrer so außergewöhnlichen Vielseitigkeit sind die Nudelspezialitäten jedoch nicht nur auf die Feste und Feiern beschränkt. Auch die Tage nach dem Fest haben ihr typisches Nudelgericht, für das die Reste des Festmahls verarbeitet werden können.

Frauen und Nudeln

Seit der frühesten Antike waren Frauen mit der Bereitung von Nudelteig betraut. Daß uns darüber wenige schriftliche Dokumente erhalten sind, verdeutlicht nur einmal mehr, daß es sich dabei um eine gewöhnliche Haushaltsarbeit handelte. Die Techniken wurden von Mutter zu Tochter weitergegeben, wie es auch heute noch unter den *Sfogline* (Spezialköchinnen, die sich ausschließlich um den Nudelteig kümmern) in Bologna üblich ist. Ihre Töchter werden bereits im zartesten Alter in die Kunst der Teigbereitung eingewiesen. Damit die kleinen Mädchen die Arbeitsfläche überhaupt erreichen konnten, bekamen sie – bis vor wenigen Jahrzehnten – ein besonderes Schemelchen, das später dann als Beweis für die erlernte Pastakunst in die Aussteuer einging.

In der Antike waren Nudelbäcker(innen) oft Sklaven. Im ägyptischen Tal der Könige erhielt in der Zeit zwischen dem sechzehnten und elften Jahrhundert v. Chr. jeder Arbeiter ein Gehalt in Form von Korn für Fladenbrote und Gerste für Bier. Jeder Mannschaft waren ein paar Sklavinnen zugeteilt, die Mehl mahlen, einen Teig bereiten, den Teig ausziehen und die Fladenbrote backen mußten. Die gesellschaftliche Stellung der Bologneser Sfogline ist wesentlich besser. Ihnen zu Ehren wird jedes Jahr sogar eine Nudelschau mit dem Titel »Matterello d'Oro« (»Goldenes Nudelholz«) abgehalten.

Frische Nudeln zuzubereiten war lange Zeit für jede italienische Hausfrau Ehrensache. Sonntags wurden Lasagne oder Tortellini gemacht, und die ganze Familie freute sich auf die dampfenden Schüsseln, die nach der heiligen Messe zu Hause aufgetragen wurden.

Frauen spielten außerdem eine große

Rolle bei der Verbreitung der Nudeln. Als Katharina von Medici (1519–1589) König Heinrich II. von Frankreich heiratete, brachte sie einige italienische Köche mit nach Paris, die dort heimatliche Spezialitäten für sie zubereiteten. Auch Maria von Medici (1573–1615), die mit Heinrich IV. von Frankreich vermählt wurde, holte Köche aus Italien nach Paris. Ihr ist der »Pasticcio alla Medici« gewidmet: ein reichhaltiger Nudelauflauf aus Maccheroni, Pilzen, Bries, Trüffeln und Hühnerinnereien, der mit gefüllten Drosseln garniert wurde. Auch Katharina die Große (1729–1796) soll eine Liebhaberin von Nudelgerichten gewesen sein. In ihren Diensten stand der italienische Koch Francesco Leonardi, der auch eine berühmte Kochschule geschrieben hat. Am englischen Königshof werden Nudeln ebenfalls gern gegessen. Queen Victoria soll angeblich vor Entsetzen in Ohnmacht gefallen sein, als ihr Arzt ihr eine Diät ohne Teigwaren verordnete. Queen Elizabeth läßt heute selbst bei großen Anlässen gratinierte Maccheroni mit Butter und Parmesan servieren.

Lang ist die Reihe berühmter Frauen, die sich an Pasta erfreuen. Die italienische Operndiva Emma Carelli (1877–1928) nahm auf ihre ausgedehnten Tourneen stets einen Leibkoch mit, der sie mit Maccheroni und Fettuccine versorgen konnte. Und die göttliche Greta Garbo soll einmal ihre zwei großen Lieben gestanden haben: »In die russischen Berge gehen und Spaghetti essen.«

Nudeln und Kunst

Speisen faszinieren. Die bildende Kunst, die Dichtung, die Musik, das Kino und nicht zuletzt die Werbung greifen immer wieder auf diese Welt der Empfindungen zurück. Und in gewissem Sinne war und ist die Pasta stets Inhalt, Form und Ausdruck ihrer jeweiligen Zeit.

Ende des fünfzehnten Jahrhunderts sind Nudeln so beliebt, daß selbst die Dich-

tung »maccheronisch« wird. Merlin Cocai alias Teofilo Folengo (1491–1554) wurde mit einem Nudelgedicht berühmt. Der Wortschatz der »Poesia maccheronica« wurde dem Volksjargon entnommen, die Sprache aber nach der lateinischen Grammatik und Syntax konstruiert. Dichter und Musiker vergnügten sich mehrere Jahrhunderte lang an diesen burlesken Nudeldichtungen.
Ab dem siebzehnten Jahrhundert tauchen die Nudeln immer häufiger in schriftlichen Dokumenten auf, was auf ihre immer stärkere Verbreitung schließen läßt. Zugleich war die Pasta aber noch interessant genug, um Gegenstand von Dichtungen und Drucken zu werden, wie das Bild des berühmten Kloßbergs aus Boccaccios *Dekameron* (siehe Seite 85) veranschaulicht.
Selbst 1818 wurde in Verona noch ein kleines Bändchen über das berühmte Gnocchi-Festival veröffentlicht. Auch in anderen Teilen Nord- und Mittelitaliens spielen die Klößchen eine so große Rolle, daß man ihnen zu Ehren Feste und Jahrmärkte abhält.
Die Pasta hat jedoch nicht nur Freunde. Bedeutende Figuren der italienischen Literaturgeschichte wie beispielsweise der Dichter Giacomo Leopardi oder der Begründer des Futurismus, Filippo Tommaso Marinetti, sahen in der Nudel »das Sinnbild für schwere Behäbigkeit und aufgedunsene Dickbäuchigkeit«.
Ein großer Spaghettiliebhaber war dage-

gen der Komödienautor Goldoni. Als kleiner Junge, so schreibt er in seinen Memoiren, reiste er einmal mit ein paar Gauklern auf einem Boot, und jeder von ihnen aß drei Schüsseln voll Maccheroni. Der Komponist Rossini war sich nicht zu schade, selbst Hand an den Nudelteig zu legen. Als er und Paganini endlich Frieden schlossen, wurde dieser denkwürdige Schritt – natürlich – mit einer ordentlichen Portion gefüllter Nudeln gefeiert. Casanova wurde sogar einmal zum »Maccheronifürsten« gekürt, und 1743 dichtete er während seines Aufenthalts in der Adriastadt Chioggia ihnen zu Ehren ein Sonett.

Auf vielen Bildern kann man schließlich die wirtschaftlichen und sozialen Veränderungen nachvollziehen, die mit der Entwicklung der Nudeln einhergingen. So stopfen beispielsweise die beiden prallen bäuerlichen Musen Togna und Zana den Dichter Merlin Cocai mit riesigen Teigklößen voll. Bis zum zwanzigsten Jahrhundert werden auf den einschlägigen Illustrationen jedoch vor allem Werkzeuge und Gerätschaften zur Nudelherstellung gezeigt.

In der vorindustriellen Zeit dienten Teigwaren einzig der Sättigung, später stehen sie auch für Genuß und Geselligkeit. Vor allem mit der industriellen Fertigung entsteht die Vorstellung, daß Nudeln nicht nur garantiert satt machen, sondern auch gemeinschaftsfördernd sein können.

Königin Victoria (1819–1901)

Das Bild Pulcinellas, der die Nudeln mit der Hand in seinen Schlund gleiten läßt, ist weltberühmt; ebenso bekannt sind die Szenen aus den Filmen *Der große Diktator* und *Goldrausch*, in denen Charlie Chaplin sich an Spaghetti (in Wirklichkeit Schnürsenkel) versucht. Viele werden sich auch an Roberto Rossellinis *Liebe ist stärker* von 1954 und an Mario Mattolis Film *Die verkaufte Unschuld* von 1954 erinnern, in dem die Hauptfigur Spaghetti mit den Fingern essen muß. Die berühmtesten Filmspaghetti wurden jedoch vermutlich von Alberto Sordi in Stenos Streifen *Un americano a Roma* aus dem Jahr 1954 verzehrt.
Wie unterschiedlich diese Filme und Szenen auch sein mögen, sie zeigen doch eine hauptsächlich italienische oder zu-

mindest mediterrane Kultur, in der ein symbolischer Spaghettifaden arm und reich verbindet. Sogar in die Welt des Zeichentrickfilms haben die universalen Spaghetti Eingang gefunden. So stellen die Nudeln in Walt Disneys Streifen *Lilly und der Vagabund* die Verbindung zwischen der Hunde-Aristokratie und dem kleinen Mischlingshündchen dar. Spaghetti sind außerdem immer wieder Thema von Zeitungsbeilagen, Cartoons und Karikaturen in den Printmedien, und ganze Generationen von Italienern wuchsen mit Comicheften auf, in denen ihre Helden – selbstverständlich – Nudeln aßen.

Ein zeitgemäßes Nahrungsmittel

Teigwaren passen hervorragend in einen modernen Speiseplan, denn sie enthalten schnell verfügbare Energie. Bevor wir uns jedoch mit der Pasta und ihrem Nährwert befassen, sollten wir uns den Weizen, der seit rund zehntausend Jahren als Nutzpflanze angebaut wird, genauer ansehen.

Korn und Nudelqualität

Man unterscheidet zwischen Weichweizen (*Triticum vulgare*), der vermutlich aus Afghanistan stammt und achtundzwanzig Chromosomen besitzt, und Hartweizen (*Triticum durum*) mit zweiundvierzig Chromosomen, der als Kul-

Der berühmte »Kloßberg«

turpflanze erstmals in Syrien und Palästina angebaut wurde.
Weichweizen und seine Spielarten sind am weitesten verbreitet: ihr Korn ergibt ein weißes und feines Mehl, das vor allem zum Brotbacken und für frische Nudeln verwendet wird. Hartweizen gedeiht nur in heißem und trockenem Klima und kennt daher keine so große Verbreitung. Er wird zu hellgelbem, sandähnlichem Mehl gemahlen, das zur Herstellung von trockenen Nudeln dient. Hartweizengrieß enthält mehr Gluten, d. h. einen »Eiweißklebstoff«, der Wasser absorbiert und verhindert, daß die Nudeln zerkochen.
Im Laufe der Zeit wandelten sich die Mahltechniken vom Einsatz einfacher Mühlsteine bis zum Bau hochtechnisierter Getreidemühlen. Hartweizen wird zwischen gezahnten Trommeln,

Giacomo Girolamo Casanova (1725–1798)

Weichweizen zwischen glatten Trommeln zermahlen. Je nach gewünschtem Mahlgrad (Vollkornmehl, Type 550 oder 405) wird das Mehl feiner oder weniger stark ausgesiebt; Schalen und Keime bleiben in großen Sieben zurück, während das weiße Mehl durch die Maschen rieselt.

Wir beschränken uns hier auf die Nährwerte der trockenen Nudeln, da durch den Zusatz von Eiern, Fleisch- und Gemüsefüllungen für frische und hausgemachte Nudeln keine allgemeingültigen Angaben gemacht werden können.

Die hohe Qualität von Nudeln liegt darin, daß die im Weizen enthaltenen Nähr-

stoffe bei sachgerechter Verarbeitung nahezu vollständig und unverändert erhalten bleiben.
Die geschmacklichen Eigenschaften der Nudeln hängen in starkem Maße von der Herkunft des Korns, vom Mahlgrad und von der chemischen Zusammensetzung des Mehls ab. Je höher der Eiweißgehalt des Mehls, um so höher die Qualität der Nudeln. Wenn die Nudeln locker auf dem Teller verteilt sind und nicht zusammenklumpen, wenn sie beim Kauen elastisch und doch fest wirken, dann handelt es sich um hochwertige Nudeln mit hohem Eiweißgehalt.

Entscheidend für die Güte unserer Spaghetti sind nicht zuletzt das Herstellungsverfahren und die Wasserqualität. Das Wasser darf nicht zu hart sein, muß bak-

teriologisch einwandfrei sein und genau dosiert werden. Bronzene Nudelpressen rauhen die Oberfläche der Pasta auf, wodurch Saucen besser haften bleiben. Die heikelste Phase der Nudelherstellung ist jedoch nach wie vor das Trocknen. Nudeln werden stufenweise getrocknet, was bis zu vierundzwanzig Stunden dauern kann. Die Trocknungsphase bestimmt die Haltbarkeit und den Geschmack der Pasta. Niedrige Temperaturen bewahren den Eigengeschmack der Nudeln, während höhere Temperaturen die Klebrigkeit verringern.
Das Kochwasser beeinflußt den Geschmack der Nudeln ebenfalls. Damit er gut zur Geltung kommt, sollte das Wasser nicht zu hart sein.

Nährwert
Nudeln sind ein ausgezeichneter Lieferant von Stärke, die den für die Muskel- und Gehirntätigkeit notwendigen Zucker liefert; darüber hinaus enthalten sie Eiweiß, wasserlösliche Vitamine und Ballaststoffe.
Die chemische Zusammensetzung von trockener Pasta sieht folgendermaßen aus: 70–75 % Kohlehydrate (bis zu 72 % Stärke und 2,5–3 % lösliche Kohlehydrate), 10,5–13 % Eiweiß, 0,8–1 % Fett, 3,3–6 % Ballaststoffe, 0,7–0,9 % Asche, 12,5 % Wasser.
Siebzig Gramm rohe, trockene Nudeln entsprechen einer gekochten Portion von 150–200 Gramm, die je nach Nudel-

typ ohne Sauce 245 Kilokalorien liefern. Die meisten Kalorien stammen dabei von der Stärke.
Teigwaren enthalten außerdem relativ viel Protein, das zwar nicht an den Nährwert von tierischem Eiweiß heranreicht, aber den menschlichen Körper dennoch gut versorgen kann. Um den Mangel an Aminosäuren auszugleichen, kann man die Nudeln mit Hülsenfrüchten ergänzen. Sie sind reich an Lysin, besitzen aber weniger Aminosäuren mit SH-Gruppen, die dafür wieder in den Nudeln enthalten sind. Aus der Kombination von Nudeln und Hülsenfrüchten, wie sie in vielen Teilen Italiens üblich ist, erhält man denselben Nährwert (an Eiweiß) wie aus Fleisch. Darüber hinaus enthalten Nudeln viele Vitamine aus dem B-Komplex und Mineralsalze.
Teigwaren sind bekömmlich, wenn man sie *al dente*, also bißfest und nicht zu weich, kocht. Die komplexen Kohlehydrate gelatinieren und werden aufgebrochen, also gewissermaßen vorverdaut. Richtig gekochte Nudeln mit einer ausgewogenen Sauce gehören deshalb in jeden vernünftigen Ernährungsplan.

Pasta als Sportlernahrung

Bereits bei Beginn der olympischen Spiele 776 v. Chr. wußte man, welche Bedeutung die richtige Ernährung für sportliche Leistungen besitzt.
Die moderne Wissenschaft hat gezeigt, daß Teigwaren eine ideale Sportlernah-

rung darstellen können. Die Kohlehydrate bilden dafür eine hervorragende Grundlage: Sie liefern Energie, sind bekömmlich, werden schnell assimiliert und können vom Körper mit geringem Sauerstoffaufwand bereitgestellt werden, während beispielsweise beim Verdauen von Fett mehr Sauerstoff benötigt wird und bei der Verbrennung von Eiweiß stickstoffhaltiger »Abfall« entsteht. Nicht nur in Italien, sondern auf der ganzen Welt haben sich Nudeln wegen ihrer Verträglichkeit und ihres hohen Energiegehalts als Sportlernahrung etabliert.

Nachdem Teigwaren eine Zeitlang als Dickmacher verschrien waren, sind sie nun als bekömmliche und wertvolle Kost wieder auf unsere Tafel zurückgekehrt.

Nudeln helfen aber nicht nur Sportlern, sondern wirken auch vorbeugend gegen Zivilisationskrankheiten wie Verengung der Herzkranzgefäße und erhöhten Cholesterinspiegel. Für Diabetiker und insulinresistente Patienten stellen Teigwaren eine ideale Kohlehydratquelle dar, außerdem helfen sie bei Hyperglykämie. Jüngste Untersuchungen zeigen, daß der Zuckergehalt im Blut nach der Aufnahme von Spaghetti wesentlich geringer ausfällt als nach dem Verzehr von Nahrungsmitteln mit ähnlich vielen Kohlehydraten wie z. B. Vollkornbrot, Weißbrot oder Kartoffeln. Daher sind Nudeln für Diabetiker leichter verträg-

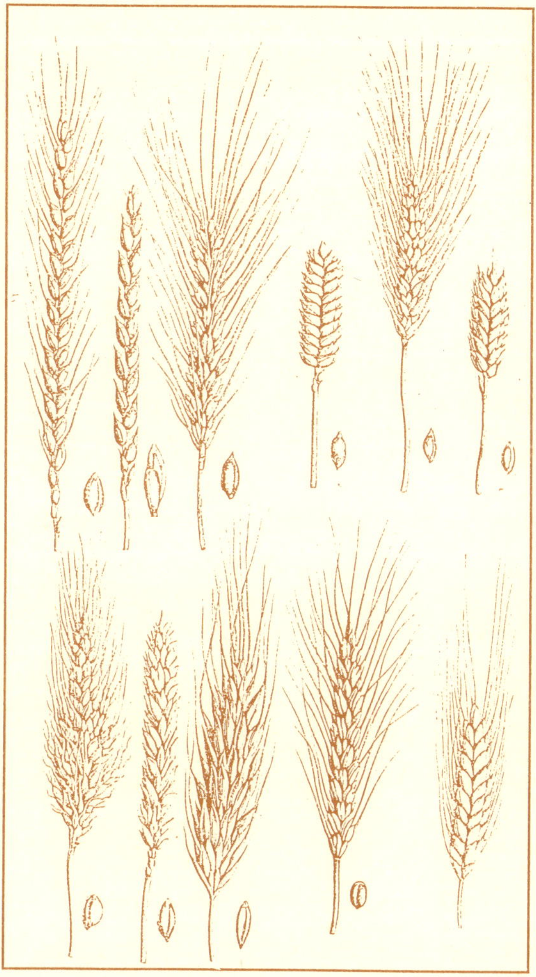

lich. Weitere Forschungen entdeckten einen streßmindernden Effekt, der sich wiederum positiv auf das Eßverhalten des einzelnen auswirkt.

Kleines Nudel-Glossar

Die Anzahl italienischer Nudelsorten und ihre größeren, kleineren, breiteren oder schmäleren Spielarten wie Tortelli, Tortelloni, Tortellacci und Tortellini ist schier unendlich. Hier haben wir die häufigsten Sorten zusammengestellt.

Agnolotti
gefüllte Nudeltäschchen, Piemont
Anolini
gefüllte Nudeltäschchen, Parma
Bavette
schmale Bandnudeln

Bigoli
grobe Spaghetti
Bucatini
schmale Röhrennudeln
Capelli d'angelo
wörtlich: Engelshaar, hauchfeine Spaghetti
Cappelletti
gefüllte Nudeltäschchen in der Form eines Huts
Casoncelli
gefüllte Nudeltäschchen, Brescia und Bergamo
Ditalini
wörtlich: kleine Fingerhüte, sehr kurze Röhrennudeln für Suppen
Eliche
»Schraubennudeln«
Farfalle
»Schmetterlingsnudeln«
Fettuccine
Bandnudeln
Fusilli
Spiralnudeln
Gnocchi
Klößchen; meist Kartoffelteig, Kürbisteig oder Ricotta
Gonfiotti
prall gefüllte Nudeltäschchen
Linguine
wörtlich: Zünglein, Fadennudeln mit geradem Querschnitt
Maltagliati
grob geschnittene Teigflecken
Orecchiette
»Öhrchen« aus Süditalien

Paglia e fieno
wörtlich: Heu und Stroh, gelbe und grüne Nudelnester
Pansoti
gefüllte Nudeltäschchen, Ligurien

Pappardelle
breite Bandnudeln
Passatelli
Art Spätzle, Romagna
Penne
wörtlich: Federn, Röhrennudeln in Form eines Federkiels
Pici
grobe, handgedrehte Spaghetti, Toskana
Pizzoccheri
Buchweizennudeln, Veltlin
Ravioli
gefüllte Nudeltäschchen
Rigatoni
kurze, gestreifte Röhrennudeln
Schlutzkrapfen
gefüllte Nudeltäschchen, Südtirol
Sedani
wörtlich: Selleriestengel, kurze Röhrennudeln

Tagliatelle
Bandnudeln
Taglierini
feine Schnittnudeln aus Eierteig
Tonnarelli
Röhrennudeln
Tortelli
gefüllte Nudeltäschchen
Tortellini
gefüllte Nudeltäschchen
Trenette
schmale Bandnudeln, Ligurien
Vermicelli
wörtlich: Würmchen, feine Fadennudeln
Ziti
kurze Röhrennudeln

NUOVA, E CURIOSA

ISTORIA

Sopra quelle persone, che molto gradiscono mangiare

MACCARONI

Con una graziosa Canzonetta,

REZEPTE

Falls nicht anders angegeben, gelten die Rezepte als Vorspeise für sechs oder als Hauptgericht für vier Personen. Nudeln immer auf einer vorgewärmten Platte anrichten.

Grundrezept für frische Eiernudeln
(Tagliatelle, Pappardelle, Taglierini, Ravioli usw.)

Zutaten: 200 g Mehl, 2 Eier, nach Belieben 1 Prise Salz
Das Mehl auf einer Arbeitsfläche zu einem Kegel aufschütten. In der Mitte eine Vertiefung formen und die Eier und nach Wunsch etwas Salz hineingeben. Die Zutaten zunächst mit einer Gabel vermischen, dann mit den Händen zu einem gleichmäßigen Teig verarbeiten. Teig mit einem Tuch abdecken und mindestens eine halbe Stunde ruhen lassen. Dann auf einer bemehlten Arbeitsfläche dünn ausrollen und zur gewünschten Form zurechtschneiden.

Fedelini in Weinbrand-Sahne-Sauce

Zutaten: 50 g Butter, 1 kleine Zwiebel, 1 EL Mehl, 1 säuerliche Apfelspalte, Weinbrand, 1 Becher Sahne, 50 g geriebener Parmesan, Salz, Pfeffer, 400 g Fedelini, 100 g gekochter Schinken
Die Zwiebel fein hacken und in der Butter andünsten. Mit Mehl überstäuben. Die Apfelspalte fein reiben und unterrühren. Unter gelegentlichem Umrühren bei milder Hitze dünsten. Nach rund zehn Minuten die Sauce mit ein paar Spritzern Weinbrand ablöschen. Die Sahne hinzugießen und den Parmesan einarbeiten. Kurz durchwärmen. Salzen und pfeffern. Die Fedelini al dente kochen. In der Zwischenzeit den Schinken in feine Streifen schneiden. Die Nudeln mit der Sauce anrichten und mit den Schinkenstreifchen garnieren.

Fusilli alla paesana

Zutaten: 1 große Aubergine, 3 EL Mehl, Öl zum Braten, 5 EL Olivenöl extravergine, 1 fein gehackte Zwiebel, 400 g Tomatenpüree, 1 Chilischötchen, 250 g

Thunfisch aus der Dose, 100 g schwarze, entsteinte und fein gehackte Oliven, 100 g Kapern, Salz, 450 g Fusilli

Die Aubergine klein würfeln und in Mehl wenden. In reichlich Öl ausbraten und auf Küchenkrepp abtropfen lassen. Das Olivenöl in einer Pfanne erhitzen und die Zwiebel darin andünsten. Das Tomatenpüree hinzufügen und ungefähr fünf Minuten köcheln lassen. Die Chilischote, den gut abgetropften Thunfisch, die Oliven und Kapern und die Auberginenwürfel hinzufügen und durchschmoren. Wenn die Sauce stark einkocht, mit zwei Kellen heißem Wasser geschmeidig rühren. Mit Salz abschmecken. Fünf Minuten weiterschmurgeln. Die Nudeln bißfest kochen, abgießen und in der Sauce schwenken. In einer vorgewärmten Terrine auftragen.

Paternostri mit dicken Bohnen

Zutaten: 5 EL Olivenöl extravergine, 1/2 Zwiebel, 1 Zweig Salbei, 2 EL geschälte Tomaten, 300 g vorgekochte dicke Bohnen, 1 1/4 l heißes Wasser, Salz, 200 g Paternostri (kurze, gestreifte Röhrennudeln)

Das Öl in einem Topf erhitzen. Zwiebel und Salbei fein hacken und darin anrösten. Die Tomaten und die Bohnen hinzufügen, gut verrühren. Das Wasser aufgießen und zum Kochen bringen. Etwa 15 Minuten durchkochen lassen, dann das Gemüse pürieren. Das Püree wieder zum Kochen bringen, abschmecken und die Nudeln hinzufügen. Weiterkochen, bis die Nudeln bißfest sind.

Penne mit Zucchini und Scampi

Zutaten: 5 EL Olivenöl extravergine, 1 kleine, feingehackte Knoblauchzehe, 1 Prise Chilipfeffer, 200 g Zucchini-Julienne, 20 frische, geschälte und entdarmte Scampi, 100 g feine Tomatenwürfel, Salz, 400 g glatte Penne, 1 EL gehackte Petersilie

Das Olivenöl in einer Pfanne erwärmen und mit Knoblauch und Chili aromatisieren. Die in Stifte geschnittenen Zucchini hinzufügen und unter ständigem Wenden andünsten. Die geputzten Scampi und die Tomatenwürfel in die Pfanne geben. Salzen und einige Minuten durchköcheln lassen.

Die Penne al dente kochen und abgießen.
Nudeln in der Pfanne schwenken und gut mit der Sauce vermengen. In eine vorgewärmte Schüssel füllen, mit etwas Olivenöl benetzen und mit der gehackten Petersilie bestreuen.

Conchiglie mit Lachs

Zutaten: 2 Knoblauchzehen, 1 Bund Petersilie, 6 EL Olivenöl extravergine, 4 je 5 mm starke Lachsscheiben, 1 Glas trockener Weißwein, Salz, 200 g Pizzatomaten, 1 kleine Chilischote, 3 EL Sahne, 500 g Conchiglie
Knoblauch und Petersilie (einige Blättchen zum Garnieren beiseite stellen) fein hacken und im heißen Olivenöl andünsten. Den Lachs würfeln und mitbraten.
Sobald der Fisch eine kräftige Farbe bekommt, den Wein angießen und bei lebhafter Flamme einkochen lassen. Salzen. Tomaten und Chilischote hinzufügen und zehn Minuten mitkochen. Mit der Sahne verfeinern und abschmecken.

Eventuell nachwürzen. Die Conchiglie al dente kochen, abgießen und mit der Sauce anrichten.
Mit ein paar Petersilienblättchen garnieren.

Taglierini in Zitronensauce

Zutaten: Schale und Saft von 2 unbehandelten Zitronen, 2 EL Olivenöl extravergine, 30 g Butter, 200 g Sahne, Cayennepfeffer, Salz, 450 g frische Bandnudeln
Die Zitronenschale mit einem feinen und spitzen Messer abschälen und in hauchfeine Streifen schneiden. Mit etwas Wasser in ein Töpfchen geben und zwei Minuten lang auskochen. Abgießen und den Vorgang wiederholen. Öl und Butter in einer Pfanne erhitzen, die ausgekochten Zitronenschalen hinzufügen und goldgelb braten. Die Sahne angießen, mit Salz, Cayennepfeffer und Zitronensaft abschmecken und ein paar Minuten einkochen lassen. Die Nudeln kochen, abgießen und mit der Zitronensauce übergießen.

Spaghetti mit Hummerragout

Zutaten: 1 Hummer, ca. 800 g schwer, 1/2 gehackte Zwiebel, 6 EL Olivenöl extravergine, 3 vollreife Tomaten, Salz, 1 Rosmarinzweig, 1 Glas Weißwein, Pfeffer, 400 g Spaghetti, 1 EL gehackte Petersilie, 1 Gläschen Lachskaviar

Den Hummer in sprudelndes Wasser tauchen und etwa acht Minuten lang garen. Herausheben und abkühlen lassen. Das Fleisch herauslösen und zerteilen. Den Panzer und die Scheren mit etwas Hummersud in die Küchenmaschine geben und fein hacken. Das Hack durch ein Sieb streichen und die Sauce auffangen. Die Zwiebel im heißen Olivenöl andünsten. Die Tomaten häuten, entkernen und fein würfeln. Tomatenwürfel in die Pfanne geben, salzen und fünf Minuten schmoren. Die Hummerstückchen und die Sauce der Schalen einrühren. Mit Rosmarin aromatisieren und mit Weißwein ablöschen. Die Spaghetti al dente kochen. In die Hummerpfanne umfüllen und zwei Minuten im Ragout schwenken. Mit Salz und Pfeffer abschmecken. Auf einer Platte anrichten und mit Petersilie und Lachskaviar garnieren.

Eliche alla bottarga

Zutaten: 6 EL Olivenöl extravergine, 1 Knoblauchzehe, Salz, nach Belieben 1 Chilischote, 400 g Eliche oder andere Nudeln, 1 EL fein gehackte Petersilie, 70 g Bottarga (der getrocknete Rogen von Thunfisch oder Meeräschen)

Öl in einer weiten Pfanne sanft erwärmen und mit Knoblauch, Salz und Chilischote aromatisieren. In der Zwischenzeit die Nudeln al dente kochen und abgießen. Die Nudeln kurz im Öl schwenken. Auf eine Servierplatte häufen und mit Petersilie bestreuen. Die Bottarga in Scheibchen schneiden und auf den Nudeln anrichten.

Ziti mit Zucchini und Rucola

Zutaten: 3 vollreife Tomaten, 4 Zucchini, 6 EL Olivenöl extravergine, 1 gehackte Zwiebel, gut 1 Handvoll Rucola, 1 Thymianzweiglein, Salz, Pfeffer, 400 g Ziti (kurze Röhrennudeln)

Die Tomaten in heißes Wasser tauchen, häuten und fein würfeln. Die Zucchini ebenfalls fein würfeln. Das Öl in einem

Topf erhitzen und die gehackte Zwiebel darin andünsten. Die Zucchini hinzugeben und mitdünsten. Die Rucola mit den Händen zurechtzupfen und kurz mit dem Gemüse mitdünsten. Die Thymianblättchen vom Stengel ribbeln und in den Topf streuen. Salzen und pfeffern. Die Tomatenwürfel einrühren und ein paar Minuten mitschmurgeln (das Gemüse sollte bißfest bleiben).
Die Nudeln al dente kochen, abgießen und gut mit dem Gemüse vermischen. Auf einer Platte anrichten und servieren.

Spaghetti alle vongole

Zutaten: 1 gehackte Knoblauchzehe, 5 EL Olivenöl extravergine, 200 g geschälte Tomaten, 1 Prise Oregano, 2 EL gehackte Petersilie, 1500 g küchenfertige Venusmuscheln, 1 Glas Weißwein, Salz, Pfeffer, 500 g Spaghetti
Knoblauch in Öl andünsten – anschließend die Tomaten hinzufügen und mit Oregano und der Hälfte der Petersilie würzen. Die Muscheln in einen Topf geben, mit Weißwein garen, bis sie sich

öffnen. Die Muscheln herausheben, den Sud durch ein Küchentuch filtern. Muscheln und Sud unter die Tomaten rühren, salzen und pfeffern. Die Spaghetti kochen. Mit den Muscheln anrichten und grün garnieren.

Penne in Sauerampfersauce

Zutaten: 150 g Mascarpone, 100 g Schinkenwürfel, 1 TL Worcestersauce, eine Handvoll gehackter Sauerampfer, 400 g Penne, 30 g geriebener Parmesan
Den Mascarpone zusammen mit den Schinkenwürfeln und der Worcestersauce in einen Topf geben und sanft erwärmen. Den Sauerampfer einrühren und die Sauce leise köcheln lassen. In der Zwischenzeit die Penne al dente kochen, abgießen und mit der Sauce vermengen. Mit Parmesan bestreuen und servieren.

Pennette in Fontinacreme

Zutaten: 40 g Butter, 200 g Fontinawürfel, 1/2 Becher Sahne, 1 EL frischer Oregano, 1 Prise Zimt, Salz, 400 g Pennette, geriebener Parmesan
Butter und Fontinawürfel bei sanfter Hitze schmelzen. Sorgfältig umrühren, bis eine gleichmäßige Creme entsteht. Langsam die Sahne hinzugießen, anschließend mit Oregano, Zimt und Salz abschmecken und gut verrühren. Die Pennette al dente kochen und abgießen, in eine Schüssel schichten und mit der Creme überziehen. Mit geriebenem Parmesan bestreuen und servieren.
In Italien wird dieses Rezept mit Mozzarella zubereitet, aber deutscher Mozzarella löst sich häufig nicht richtig auf.

Farfalle in Schinkensauce

Zutaten: 3 EL Olivenöl extravergine, 1 Karotte, 3 Selleriestengel, 150 g Schinkenwürfel, Salz, Pfeffer, Brühe, 450 g Farfalle, 100 g Parmesan
Karotte und Sellerie fein hacken und in heißem Öl andünsten. Nach etwa fünf

Minuten die Schinkenwürfel hinzufügen. Ab und zu etwas Brühe angießen und die entstandene Sauce ca. 20 Min. durchköcheln. Die Farfalle kochen, in die Schinkensauce geben, gut durchmischen. Parmesan darüberstreuen.

Bavettine in Tomatensauce

Zutaten: 1 Knoblauchzehe, 6 EL Olivenöl, 500 g geschälte Tomaten, Salz, Pfeffer, 450 g Bavettine, 80 g geriebener Parmesan, 5 Basilikumblätter
Knoblauch fein hacken und im heißen Olivenöl andünsten. Die Tomaten abtropfen lassen und mit einer Gabel zerdrücken. Das Fruchtfleisch in die Pfanne geben, salzen, pfeffern und zehn Minuten durchkochen. Die Nudeln al dente kochen. In eine Schüssel schichten, mit Parmesan bestreuen und die Tomatensauce darauf anrichten. Mit feingehacktem Basilikum garnieren.

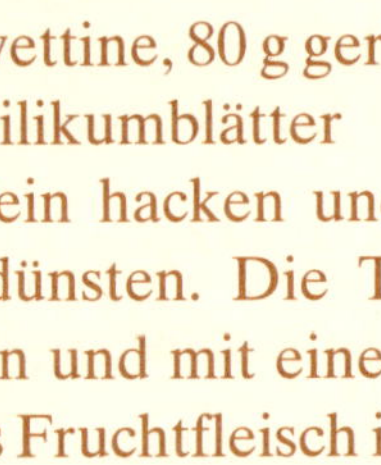

Bibliographie

M. Morcaldi, M. Schiani, S. De Stefano (Hg.), *Codex Diplomaticus Cavensis,* Buch 7, Neapel 1884

A. Gosetti della Salda, *Le ricette regionali italiane*, Mailand 1967

G. Maffioli, *Storia piacevole della gastronomia*, Mailand 1976

E. Sereni, *Terra nuova e buoi rossi*, Turin 1981

E. Medagliani, F. Gosetti, *»Pastario«, ovvero Atlante delle Paste Alimentari Italiane*, Crusinallo 1985

W. Pedrotti, *La pasta in cucina*, Sommacampagna (Verona) 1986

N. Romano, *Le ore della pasta*, Mailand 1987

G. Mistretta, *Voglia di pasta*, Rezepthefte der Zeitschrift »A Tavola«, Mailand 1988

M. Montanari, *Convivio. Storia e cultura dei piaceri della tavola*, Rom-Bari 1989

M. Montanari, *Der Hunger und der Überfluß. Kulturgeschichte der Ernährung in Europa,* München 1993.

Reader's Digest *»Grande Enciclopedia illustrata della Gastronomia«*, Mailand 1990

La Pasta: protagonista nell'alimentazione nel presente e nel futuro, Runder Tisch auf der Messe »Firenze a Tavola«, 1990, Gesprächsprotokolle

V. Buonassisi, *Il Nuovo codice della pasta*, Mailand 1991
C. G. Valli, *Pasta nostra quotidiana*, Padua 1991
V. Agnesi, *È' tempo di pasta*, Rom 1992
M. R. Schiaffino, *Tempo di pasta*, Mailand 1992
G. Maioli, G. Roversi, *Sua Maestà il Tortellino*, Bologna 1993
N. Lawson, P. L. Bassignana, *Il museo immaginario della pasta*, Rom 1995
»Newsletter 4«, Erster Weltkongreß über Pasta, Rom 1995
Erster Weltkongreß über Pasta, Rom 1995, Veröffentlichungen von G. Galterio (Versuchsanstalt für Getreidebau, Rom) und C. Cannella (Institut für Ernährungswissenschaft, Rom)
»Pasta & C.«, Dreimonatsschrift, 1994/95
Unterlagen zur Ausstellung »Wasser und Mehl« von E. Medagliani, M. Capuani, M. Paolazzi, Mailand 1995
T. & T. Sarcina, *Specialmente Pasta*, Wochenhefte, 1996

Die Daten über Herstellungs- und Exportmengen lieferte der Verband italienischer Nudelhersteller, Unione degli Industriali Pastai Italiani

Danksagung
Museo Nazionale delle Paste Alimentari, Rom; Prof. Carlo Cannella; Carlo Latini; dem »humanistischen Kesselschmied« Eugenio Medagliani; Dr. Simonetta Boretti, UNIPI; Avallone-Bibliothek in Cava dei Tirreni (Provinz Salerno).

INHALT

Eine lange Geschichte

Das legendäre italienische Nationalgericht 11
Teigwaren und ihre Geschichte 13

Herstellung und Zubereitung

Die großen Nudelzentren 33
Gesetze und Normen 40
Nudelformen zwischen Tradition und Phantasie 43
Bräuche und Traditionen der Welt 49
Traditionelle Herstellungsverfahren und Gerätschaften 55
Das Geheimnis des Kochens 60
Nudeln richtig servieren 67

Pasta italiana – Geschichte eines Rituals

Teigwaren für jede Gelegenheit 71
Frauen und Nudeln 77
Nudeln und Kunst 80
Ein zeitgemäßes Nahrungsmittel 84
Kleines Nudel-Glossar 93

Rezepte

Grundrezept für frische Eiernudeln 99
Fedelini in Weinbrand-Sahne-Sauce 100

Fusilli alla paesana 100
Paternostri mit dicken Bohnen 101
Penne mit Zucchini und Scampi 102
Conchiglie mit Lachs 103
Taglierini in Zitronensauce 104
Spaghetti mit Hummerragout 105
Eliche alla bottarga 106
Ziti mit Zucchini und Rucola 106
Spaghetti alle vongole 107
Penne in Sauerampfersauce 108
Pennette in Fontinacreme 109
Farfalle in Schinkensauce 109
Bavettine in Tomatensauce 110

Bibliographie 111

SLOW FOOD

Das bibliophile Geschenk für alle, die genießen können.

Droemer Knaur®
edition spangenberg

SLOW FOOD

Kommen Sie jetzt in den Genuß

Immer mehr Menschen erkennen, daß Essen und Trinken Teil unserer Kultur sind. Darum unterstützen immer mehr Menschen SLOW FOOD. Denn die internationale SLOW-FOOD-Bewegung setzt sich für die Achtung der Lebensrhythmen der Menschen und der Natur als Ursprung aller Nahrung ein; für die Verbreitung hochwertiger Lebensmittel, die naturnah mit sinnvollen Methoden erzeugt werden; für das Bewußtsein, daß jedes Land, jede Region und jede Jahreszeit eine Vielfalt von Nahrungsmitteln hervorbringen.

Darum machen bei SLOW FOOD alle mit: Produzenten und Händler, Winzer und Gastronomen, Verbände und Journalisten – und viele, viele private Genießer.

Mit der Anmeldung zur Bewegung SLOW FOOD International bekommen Sie automatisch Ihre Mitgliedskarte und ohne weitere Kosten die viermal im Jahr erscheinende Zeitschrift »Slow« zugeschickt. Die Mitgliedskarte gibt Ihnen die Möglichkeit, Rabatte und Vorteile, die unseren Mitgliedern exklusiv vorbehalten sind, weltweit zu nutzen. Außerdem werden Sie regelmäßig über SLOW-FOOD-Veranstaltungen in Ihrer Region informiert.

Ja, ich möchte in den Genuß kommen und werde Mitglied bei der Bewegung SLOW FOOD international.

Firma/Name *Vorname*

Straße

Land/Postleitzahl/Ort

Telefon/Fax

Beruf

Jahresbeitrag: DM 95,–, öS 650,–, sFr. 120,–. Die Mitgliedschaft gilt 1 Jahr. Sie kann danach jederzeit und ohne Angabe von Gründen gekündigt werden.

Zahlungsart:

☐ Überweisen auf das italienische Postscheckkonto von SLOW FOOD beim Ufficio postale di Bra (Cn) – sede N°. 23-31 Konto-Nr. 17 251 125 (Überweisungsdurchschlag liegt bei.)

☐ Visa/Master Card ☐ American Express

☐ Karten-Nr.: ______________ Ablaufdat.: __________

Ort/Datum

Unterschrift

Bitte diesen Coupon kopieren und einfach in einen frankierten Umschlag stecken oder faxen an: SLOW FOOD INTERNATIONAL OFFICE, VIA DELLA MENDICITA ISTRUITA 14, I-12042 BRA (CN) TEL.: 00 39 172 41 12 73, FAX 00 39 172 42 12 93